Sophie Carquain

Un papillon sur le bitume

En immersion dans une unité de pédopsychiatrie

Éditions de L'Observatoire

ISBN : 979-10-329-2946-9
Dépôt légal : 2024, janvier

170 *bis*, boulevard du Montparnasse, 75014 Paris

À la mémoire de Nathalie A.,
mon amie d'enfance, fragile et forte à la fois,
juge d'instruction d'exception, disparue bien trop tôt.

« Quelle étrange façon d'être au monde que ce retrait à un poste d'observation. On assiste à la vie, suffisamment proche d'elle pour en saisir les nuances, mais en se tenant loin du vacarme comme des certitudes, pour qu'elles n'aveuglent pas la page blanche ».

Lola Lafon,
Quand tu écouteras cette chanson, Stock.

Avant-propos

Souvent, boulevard de Port-Royal, en face de l'hôpital du Val-de-Grâce, j'ai flâné devant la Maison des adolescents, aux parois vert émeraude. Souvent je me suis interrogée sur ce qui se tramait derrière le silence.

En 2004, j'avais été conviée à l'inauguration de la Maison de Solenn, par le professeur Marcel Rufo, qui dirigeait alors les lieux. Le jovial Méridional aux sourcils touffus et au tutoiement facile nous avait reçus avec sa faconde habituelle. Il était fier de sa Maison. J'avais visité les étages dédiés à l'hospitalisation avec quelques consœurs, écrit un article sur la « vêtothèque », ce dressing rempli à ras bord de vêtements, dont se régalaient les adolescentes en mal d'image. On parlait déjà de l'atelier radio, de la musique, de l'art-thérapie. Le Paquebot était encore à quai, l'aventure débutait. Et on se réjouissait : enfin un lieu où l'on n'enferme pas les ados, où l'on ne les sépare pas de leurs parents. Enfin un lieu non coercitif. Un lieu qui les aime.

Par la suite, j'y suis entrée, furtivement, pour un article ou un projet éditorial, compulsant la documentation en catimini, admirant les tableaux et les sculptures – la fameuse « vache porte-monnaie », toute blanc et argenté. Personne ne me demandait ce que je faisais là.

J'y suis allée pour m'inspirer des lieux, voler un détail ou deux, une anecdote ; pour nourrir ce qui allait devenir mon premier roman, *Manger dans ta main*, dont le lieu imaginaire - une clinique pour adolescents en détresse - doit beaucoup à la Maison de Solenn. À ce que j'en imaginais, du moins, derrière ces murs. Mes romans suivants ont toujours fait la part belle aux adolescents passionnés, affamés, dévorés par des chagrins plus grands qu'eux.

Les adolescents ont l'étoffe des héros.

Étrangement, j'ai toujours aimé les hôpitaux, ces huis clos où bouillonnent les chagrins, où s'exacerbent les colères, où se tissent d'improbables rencontres, des amitiés qui se délient à peine la porte franchie. J'avais dévoré, en son époque, *Le Pavillon des enfants fous*, de Valérie Valère, dont on parlait presque autant que de *L'Herbe bleue*. Des adolescentes dans la tourmente, belles, rebelles, obstinées, radicales, révoltées. Éprises d'absolu.

C'était le livre de toute une génération, à une époque où les cliniques étaient des forteresses glaciales qui pratiquaient le chantage, la manipulation, le gavage.

Valérie Valère était sortie de cet hôpital à peu près guérie. Mais elle était tout de même morte à 21 ans d'un arrêt cardiaque.

Dans cette fascination pour les lieux clos, je me doute bien qu'il a pu se glisser un petit syndrome de Stockholm, moi qui ai été hospitalisée pendant quatre mois à l'âge de 8 ans dans une unité pédiatrique ; et qui en suis sortie littéralement perdue, avec un étonnant regret et une térébrante nostalgie.

J'avais envie de les rencontrer, ces ados en souffrance.

Ceux qui refusent de manger, d'étudier, d'aimer.

Quand la professeure Marie-Rose Moro m'a immédiatement fait confiance, j'ai compris que ce livre, que je portais depuis si longtemps, était de ceux dont on dit : « Il *devait* se faire. »

Tous les jours, pendant un mois, j'ai grimpé la volée de marches en pierre, calé ma trottinette derrière l'accueil, salué Madeleine et Thierry, les agents d'accueil. Tous les jours ils m'ont ouvert avec leur badge le sas qui sépare le monde en deux ; entre les bons vivants et les autres.

Tous les jours j'ai emprunté l'ascenseur vers le deuxième étage.

J'ai passé un mois ici. Vécu aux côtés des jeunes anorexiques Zoé, Jade, observé Léore, arrivée ici à vingt-cinq kilos, parlé avec Ariane, multi-scarifiée et trois tentatives de suicide ; j'ai assisté aux consultations, rencontré les parents, partagé leurs parties de *UNO*, leurs pauses clope, leurs confidences sur l'école et leurs angoisses sur un monde qui s'effondre.

J'ai goûté dans la salle à manger thérapeutique, dîné au self où, malgré la musique douce, l'ambiance est si tendue, voire « glauque », selon les propres termes des jeunes. Où j'ai assisté à des guerres intestines entre l'ado et l'assiette.

J'ai préparé des crêpes avec des anorexiques, j'ai assisté à l'espoir qui renaît, aux consultations familiales, aux pleurs du soir, aux crayonnages rageurs sur le tableau. Aux déclarations d'amitié et aux poèmes suicidaires.

À l'émotion de la sortie.

Et j'ai compris une chose : ces ados, lâchés par les douces et berçantes certitudes de l'enfance, la chair à vif sans carapace, sont traversés et même percutés par les dysfonctionnements de la société, les incohérences des adultes. Et ils en paient le prix fort.

Ils naviguent en pleine mer, ballottés par la houle, oscillant dans des embarcations fragiles. Ils se redressent, soufflent, repartent, parfois à la nage. Ils bravent la tempête, prennent l'eau, surmontent les flots, cinglent vers le rivage, touchent la terre ferme. Ce sont nos héros. Nos colosses aux pieds d'argile.

1

Zoé et sa mère

« Ici, on te fait confiance, alors tu ne fugues pas. Tu as bien compris ? »

En ce 9 janvier, les trottoirs sont lustrés et glissants. Il tombe du ciel un mélange de neige fondue et de vent mouillé, qui brouille les yeux et fouette le menton. Il est un peu moins de 9 heures, et dans cette demi-obscurité la Maison de Solenn brille comme un papillon luminescent. Une volée de marches, une porte automatique, et me voilà à l'intérieur, bien au chaud, dans ce vaste hall meublé de petites banquettes blanches, d'œuvres d'art et de panneaux d'information déployés comme deux ailes sur une structure en métal.

9 h 10. Je les aperçois dehors.

Zoé a 15 ans et demi, un mètre soixante-cinq environ, un rideau de cheveux lisses et noirs éclairés par quelques mèches roses et bleues qui lui tombent sur les épaules. Elle est vêtue d'une doudoune aubergine, dont la capuche ballotte dans le dos. Sa silhouette est frêle, ses jambes-allumettes sont plantées dans des baskets blanches qui semblent démesurées. Zoé est, comme nombre d'adolescents ici, un paradoxe vivant : fragile comme du cristal, avec une force de vie démesurée.

Elle vole sur le trottoir, en tirant sa valise, et sa mère, à ses côtés, la main agrippée au col de son manteau gris, peine à la rattraper. Zoé hisse son bagage au-dessus des marches, écarte la main de sa mère, secoue la tête et avance toujours, menton pointu en avant, avec cette valise remplie de colère et de secrets. Elle passe devant moi en trois enjambées, court vers l'accueil. Elle est trempée, son maquillage dégouline en longues traînées noires sur ses joues.

L'agent d'accueil - dont j'apprendrai plus tard le nom, Thierry - leur tend la boîte de masques bleus, où j'ai déjà prélevé le mien.

– Deuxième étage en sortant de l'ascenseur, je vous ouvre.

– On connaît, sourit la mère.

Thierry scrute de plus près l'adolescente et affiche un large sourire - du moins ce que l'on en voit à travers les yeux.

– Zoé ! J'ai failli ne pas te reconnaître. Tu as l'air frigorifiée... Tu reviens nous voir ?

– ...

– Suivez-moi, je dois badger l'ascenseur ; mais ça, vous le savez.

Zoé est une « rédiciviste de l'hospit », comme on dit ici. Le terme n'est pas beau, mais c'est bien celui qui est employé par les ados eux-mêmes. Satanée maladie qui vous suit comme une mauvaise haleine et menace de refaire surface au moindre déraillement. Il faut des années parfois pour qu'elle vous lâche pour de bon.

Ascenseur, badge, bip, deuxième étage.

Il flotte ici comme une odeur douceâtre de fleur fanée mêlée à de la vanille sucrée.

Dans le couloir blanc et vert, nous croisons déjà des adolescentes, certaines assises sur des fauteuils vert d'eau, d'autres devisant deux par deux, cheminant vers le rendez-vous avec leur interne. Ou se préparant pour le prochain atelier.

On se croirait dans un internat, un jour de rentrée. Sauf que certaines (90 % des anorexiques sont des filles) sont équipées d'un pied à perfusion sur roulettes, d'autres d'une sonde en plastique transparent courant sur leur joue, d'autres encore ont les mains bandées de gaze. Toutes glissent sur le sol, évanescentes, dans leur jean extralarge, les yeux cernés, le visage absent ou le rire strident. Toutes sont, malgré leur minceur, d'une étonnante beauté.

– T'es nouvelle ? demande une grande fille brune, en avisant la valise.

– Si on veut, répond Zoé, sibylline.

– Tu restes combien de temps ?

Haussement d'épaules.

– Tu connais une fille qui s'appelle Noémie ? interroge Zoé.

Haussement d'épaules en retour.

– Salut.

La grande brune repart en sens inverse, comme dans un théâtre d'ombres.

– Zoé ? Allez, on y va.

La docteure Béatrice Gal s'encadre dans la porte. Silhouette haute et fine, bottée, boucles châtaines en bataille, le regard bleu intense, « Bégal », comme elle se désigne elle-même, psychiatre, est la principale praticienne hospitalière (PH). Comprenez qu'elle reçoit la plupart des adolescents souffrant de tendances suicidaires, névrose d'angoisse, trouble scolaire anxieux, et anorexie. Bégal est un concentré d'humour, d'énergie, et de dévouement.

Son bureau de consultation témoigne du nombre d'heures qu'elle passe ici.

Dans les rayonnages en bois blanc, les livres côtoient les boîtes de thon et de sardines à l'huile et yaourts, sel, poivre, sachets de thé d'origines diverses et collection bariolée de mugs.

Sur les murs, des masques africains, des esquisses d'anime au crayon de couleur - offrandes des jeunes patients -, photographies de paysages et reproductions d'art moderne.

Quatre chaises, un bureau sommaire envahi de piles de dossiers multicolores. Calé contre la fenêtre, un canapé blanc garni de coussins, que je pensais au début destiné aux patients, mais que je soupçonne fortement de servir de lit d'appoint les jours de rush... Car Bégal bosse énormément, elle ne fait que ça.

« Je dors quatre heures par nuit, me confiera-t-elle, au détour d'une consultation. Je ne sais pas combien de temps on peut tenir à ce rythme. » Difficile de rompre avec les ados, difficile de fermer la porte à double tour.

La nuit, ils reviennent la hanter, l'inquiéter, l'interroger. Surtout les mutiques, les désespérés, ceux qui ne lâchent rien.

La praticienne plante les bottes dans le sol, et, mains sur les genoux, buste en avant, comme je la verrai toujours faire, cherche les yeux de sa jeune patiente.

Un regard impliqué. Bienveillant.

– Alors, Zoé, je ne pensais pas te revoir aussi vite...

La jeune fille tournicote de deux doigts ses mèches roses, mutique.

– On t'a manqué à ce point-là ?

La praticienne rit dans le vide, sans écho de retour.

Bienvenue sur la planète ado. Bégal n'a pas peur de laisser s'installer le silence, la psy a de la ressource, on le voit bien, pour contourner le vide, parler au-dessus de l'abîme. Elle babille, offre des mots, lance des pistes, pour que la pelote, si serrée, de l'angoisse sans mots se dévide ; pour que Zoé attrape au vol le fil du discours.

Bruissement de papier, elle feuillette le dossier, refait le parcours en sens inverse.

– On s'est vues en novembre : gros coup de déprime, d'accord, et tu avais perdu beaucoup de poids... Que tu as repris. Tu te rappelles ?

Alors, pourquoi soudain, ce geste, en plein cours ? La docteure Gal insiste : il faut poser les mots sur cet acte. C'est grave, ce qui s'est passé.

– Enfin, Zoé, ce n'est pas rien... Qu'est-ce qui s'est passé, tu peux me le dire ?

De son côté, la mère s'interpose.

– Allez Zoé. Parle, dit-elle tout comme, on l'imagine, elle lui dirait : « Allez, Zoé, mange, mange. »

Zoé émet un petit rire sec.

Et fait glisser son ongle sur la largeur du cou.

– Couic.

– « Couic » ? reprend la docteure Bégal.

– Pourquoi ne pas le dire clairement ? Allez, dis-le. Dis le mot...

– Suicide, complète la jeune fille. Tentative de suicide.

Je remarque la bande de gaze autour du poignet.

Coup de cutter. Entre la philo et l'histoire, oui, en plein intercours. Elle avait prévu ça au petit déj.

Elle avait subtilisé l'instrument dans le tiroir du bureau de son père, et s'était donné quelques heures... Il fallait le faire avant la récré. Cette rentrée de janvier : trop dure. Ces regards, sur elle... Ces chuchotements... Tout ça a pris des proportions démesurées. Tout comme ce corps, qu'elle aurait voulu camoufler, jusqu'à l'effacer totalement. Ce corps trop présent, ces ricanements hostiles dans son dos.

Envie de disparaître de la surface de la Terre.

Mourir avant, après. Qu'est-ce que ça fait, finalement ? interroge Zoé.

– Et alors, ça s'est passé... dans la classe ? questionne la docteure Bégal.

Hochement de tête. Zoé raconte le sang sur la table, les cris de la voisine, le brouhaha, les pompiers, l'oxygène, l'hôpital. La bobine se dévide, les mots arrivent par salves.

La mère, à ses côtés, hoche la tête, regard désespéré ou encore incrédule, difficile de savoir. Zoé a été transférée à Sainte-Anne.

L'enfer, d'après elle. On l'a ligotée sur son lit, avec des sangles. Comme une *psycho*. Il y avait des cris, des hurlements de vieux tout à côté d'elle, ça lui a fait penser à *Mommy*, de Xavier Dolan. Oui, quand il se retrouve en camisole, les bras liés dans le dos.

– Ils n'avaient pas à m'attacher, insiste Zoé.

– Oui, mais Zoé, tu as fugué, s'interpose la mère.

– Y a que des tarés, là-bas. J'allais devenir complètement barrée, fallait que je parte, ça, je te l'ai dit. C'est pas un hôpital. C'est un mouroir.

– Ils t'ont cherchée pendant trois heures. Tu leur as fait peur.

C'est ensuite que la décision de la transférer ici, à la Maison de Solenn, a été prise.

La docteure Gal soupire.

– Une fugue... Franchement, Zoé...

Elle hoche la tête, reprend ses notes.

– On n'a pas parlé de ton poids. Ç'a été, les repas ? Aux dernières nouvelles tu as perdu trois kilos... Comment ça se passe, avec la nourriture ?

– ...

– Je peux ? Zoé ? demande la mère.

– Allez-y, madame.

– Au début, je me tenais à distance. J'acceptais qu'elle ne mange rien. Son père me disait : « Laisse-la gérer. » Et puis...

Long soupir.

– Nous les parents, on n'y arrive pas. Je veux dire : à accepter. À se taire. Ç'a recommencé à devenir un sujet. LE sujet. Tous les jours, l'obsession. L'angoisse au moment des repas. Les négociations, les colères. Les silences. Les litres d'eau. Les départs en claquant la porte. La nourriture dans les vases, sous la nappe, dans les toilettes.

La docteure Gal fixe à nouveau Zoé de ses yeux clairs.

– La période des fêtes est toujours à risque pour les anorexiques.

Le jour de la Saint-Sylvestre, tu as fait quelque chose ?

– Ouais.

Un éclair sombre dans ses yeux.

– Dis-le, minette. Tu t'es lâchée sur la vodka.

Volte-face de l'ado :

– Maman, relou, je parle !

– Dis-le, que tu as ingurgité un litre de vodka. Franchement... Avec tes trente-huit kilos...

– Toute seule ? interroge la docteure Gal.

Zoé lève le menton.

– Avec deux amies. On a bu toutes les trois, mais c'est moi qui suis tombée...

– On l'a retrouvée par terre, raconte la mère. Presque en coma éthylique. Et elle est si menue... Franchement, un litre de vodka quand on pèse... trente-huit kilos...

– Maman, STOP !

– Ensuite, ç'a été la fameuse nuit, non ?

– ...

Je ne saurai rien pour l'instant de cette « fameuse nuit », même si, j'imagine, elle a été sans doute agitée.

Clic, clic, clic. La docteure Gal tapote sur son clavier, puis retourne son fauteuil vers la jeune patiente.

– Bon, Zoé. Il s'agit ici de réfléchir ensemble, avec ta mère, toutes les trois. Il faut trouver la meilleure solution thérapeutique pour l'instant. Ou la moins mauvaise.

Elle fronce les sourcils, tire sur son masque comme pour prendre une goulée d'air.

– Ce que je suggère : on te garde vingt et un jours ici puis...

– Vingt et un jours seulement ! lâche la mère.

Bégal lève la main.

– Pour l'instant. Ne vous inquiétez pas. On ne laissera pas sortir Zoé si on estime qu'elle court un risque.

– Zoé ?

L'adolescente écoute, en tortillant ses mèches entre ses mains.

– Est-ce que tu accepterais d'aller à Lakanal, en soins-études ? Ce serait une très bonne solution, Lakanal. Tu serais bien encadrée, et tu poursuis tes cours.

– Pas question.

– Pourquoi ?

– Parce que je suis dans un lycée d'excellence. Et que soins-études, c'est nul.

L'impression que les mots ne sont pas les siens ; que cette adolescente maigre et suicidaire se fait l'écho d'une autre voix - celle de ses parents ? De notre société de performance ? À cette minute, je pense : ce monde est fou.

La docteure Gal ne réagit pas, ne juge pas.

– Pour l'instant, donc, nous t'hospitalisons ici. Mais à une condition. Tu sais laquelle ?

Haussement d'épaules.

– Qu'il y ait une confiance absolue entre nous. Alors une fugue, comme tu as fait à Sainte-Anne, ici, c'est simplement inimaginable.

Les yeux bleus plongent un peu plus profondément dans ceux de la jeune fille.

– Compris ?

– Compris.

Le médecin rappelle encore d'autres points essentiels : ici, à la moindre « purge » on ferme les toilettes à clé. Et ensuite il faut demander aux soignants de se les faire ouvrir. Zoé sera suivie par Léa, l'interne en pédopsychiatrie, et Charles lui concoctera sa semaine d'ateliers thérapeutiques.

– Pour ça, oui, je connais, coupe la mère. Est-ce qu'il y a toujours atelier radio avec Teddy, et est-ce qu'il y a toujours sport-relaxation avec Antoine Périer ? C'est ce qu'elle préférait.

– Oui, et il y a aussi socio-esthétique et coiffure, si tu veux te faire dorloter - une petite coupe, un shampoing, ou un soin de peau.

– Cool.

Zoé renfile sa doudoune aubergine, et disparaît dans le couloir tandis que sa mère renfile son manteau. Elle est sur le qui-vive, ses yeux au-dessus de son masque sont inquiets. Elle a encore envie de parler, la mère, cela se sent. Et pourtant la consultation a bien duré cinquante minutes.

– Trois semaines c'est trop peu, murmure-t-elle, en resserrant les pans de son manteau.

– Il y a tellement de demandes. Je ne peux pas faire plus pour l'instant. Nous pourrons prolonger si besoin.

La mère soupire. Regard de gratitude au-dessus du masque. Les mots se pressent, se bousculent, serrés, âpres, heurtés. Elle ne vit plus. Ne dort plus. Trop peur. Que sa fille échappe à la vigilance, qu'elle fasse n'importe quoi, qu'elle disparaisse. Elle a tellement lu, sur le sujet, tellement vu, entendu parler de ces parents qui découvrent le corps de leur enfant. Zoé est devenue imprévisible.

La docteure Gal lui pose la main sur l'épaule.

– On ne prendra aucun risque répète-t-elle.

Direction la chambre 11.

Sur la porte, le nom de Zoé est déjà inscrit à la craie. *Zoé/Jade.*

Ruth, infirmière en stage depuis quelques mois, ouvre la porte sur une pièce lumineuse d'une dizaine de mètres carrés. Lit médicalisé, bureau contre le mur, deux chaises, un beau placard à vêtements. La chambre dispose d'une salle de douche-WC pour ses deux colocataires.

Une adolescente est allongée sur le deuxième lit.

Jade, d'une pâleur impressionnante, a les yeux noirs comme des pruneaux, une touffe de cheveux mousseux clairsemés, comme si ses jeûnes répétés avaient entraîné une forme d'alopécie.

Elle est en jean et chaussettes, et son pull à col roulé sur son torse menu la rend encore plus frêle. Jade se présente. Elle a 15 ans et est hospitalisée ici depuis deux mois. Jade, je l'apprendrai plus tard, fait du yoyo avec son poids. Donc avec la sonde.

Pour l'instant, elle est plutôt obéissante, les grammes s'ajoutent aux grammes, tout doucement. Mais, confie-t-elle à Zoé, elle n'est pas sortie de l'auberge car elle craque à l'approche des quarante kilos et retombe inévitablement dans « la maladie ».

– T'es là pour quoi, toi ? Hé, oh, mais t'as ton tél ! On t'a pas pris ton tél ! Ici, on n'y a droit que deux fois par jour, après le déj et après le dîner. À part ça, bah, c'est direct au poste de soins. Les soignants les gardent toute la journée dans un placard fermé à clé. La prison, quoi. »

Zoé coupe court à ce débordement. Elle connaît les règles de la maison. Et pour les raisons qui l'ont amenée ici, « c'est le chaos, dit-elle, un genre de "combo" entre tentatives de suicide et anorexie. Trop dégoûtée de la vie », conclut-elle sobrement. Jade continue à pépier, mais Zoé lui tourne le dos. Et demande à Ruth, l'infirmière, si l'inventaire a lieu maintenant.

– Non, ma belle, répond Ruth, c'est déjà l'heure du déjeuner. On rejoint les autres avant de monter.

– Au Club, toujours ?

– Toujours.

Le Club, juste à côté du poste de soins, est le foyer, la pièce à vivre, là où s'écoule le temps des moments vides, entre les ateliers, là où on s'ennuie, où on s'engueule, où on échange astuces de survie et espoir de sortie.

Parmi la douzaine d'adolescents que j'apprendrai à connaître, certains comme dans n'importe quel lycée, se distinguent par leur charme ou leur franc-parler. Bahia, coiffée de petites tresses afros, s'impose immédiatement comme la « grande gueule » du groupe. Vêtue tout en rose, carrure imposante, joli visage un peu rond, léger surpoids.

– Ça y est, Miss Strange, t'as quitté ta salle de bains ? J'adore ton chignon, meuf.

– Merci, meuf, mais arrête avec Miss Strange, d'accord ?

– Tiens, elle, c'est Zoé. Elle est là pour trois semaines. Elle est dans ma chambre.

Bahia plisse les paupières. Comme si elle la scannait.

– Je kiffe tes veuch, c'est L'Oréal ?

– C'est de la cire. En fait, ça tient pas avec la neige... Regarde... Ça dégouline...

– Trop beau ! Tu penses que ça tiendrait sur mes dreads ?

Haussement d'épaules.

– En tout cas, j'ai aussi du vert. Et du rouge, répond Zoé.

– Parce que tu penses qu'on va te les laisser ?

– Elle a pas fait l'inventaire encore.

– Hé, elle va pas la bouffer, ma cire !

– Et pourquoi pas se suicider en avalant son mascara ?

– Ha, ha, ha !

Bahia touche les cheveux de Zoé.

– Ils sont super canons comme ça, sans couleur. Lisses, et tout...

– Berk, le châtain, c'est le vide absolu, zéro style, répond Zoé.

– Tu préfères le blondasse ?

– *No way*. Plutôt, genre, la matière noire, supernova ! Quelque chose qui éclate, quoi.

Un visage de jeune femme - longs cheveux châtain clair, frange, regard bleu - s'encadre dans la porte : Jeanne, éducatrice spécialisée, a la délicate tâche de rassembler les adolescents avant de les conduire au self.

– Quelqu'un a vu Pernille ?... Où est Lila ?

– J'ai vu une petite meuf avec une sonde dans le couloir, répond Zoé. C'est elle ?

Zoé semble s'être intégrée immédiatement.

– Je suis contente qu'on soit ensemble, babille Jade. Tu sais que je peux tirer les cartes ? J'ai reçu un oracle d'astrologie pour mon anniv. T'es de quel signe ?

– Verseau. Mon anniv, c'est la semaine prochaine, en fait. (Zoé soupire.) Glauque de fêter son anniv en taule.

– T'inquiète, moi, je l'ai fêté trois fois ici. Ils ont l'habitude, y a de la déco, des ballons, et on peut même fabriquer des trucs en arts plastiques. On demandera un gâteau. Tu veux que je t'en fasse un ?

Zoé s'est rembrunie.

– T'inquiète.

Un garçon arrive en se dandinant. Simon porte un T-shirt Pink Floyd et affiche un certain surpoids.

– T'es nouvelle ? T'as quel âge ? Comment tu t'appelles ? Et moi ? Tu me donnes quel âge ?

– Ça y est, ça recommence, soupire Jade, tandis que Bahia éclate d'un rire franc.

– Ah, Simon ! Le relou !

Zoé hausse une épaule.
– 13 ans ?
Simon fronce les sourcils, et retire son masque.
– Et sans ça ? On me dit que je fais plus vieux.
– Ah oui, plutôt 15.
Simon semble heureux de cette réponse.
– Ah, vous voyez ?
– Putain l'angoisse, Simon, ponctue Bahia.
Le garçon s'éloigne docilement, j'apprendrai plus tard qu'il est diabétique et ne respecte pas son traitement. J'apprendrai aussi qu'il subit du harcèlement au collège, ce qui l'a conduit logiquement hélas à déserter l'école. Ici, le terme employé est « désco ». Comme déscolarisé. Fâché avec l'institution. Et les désco, ici, il y en a beaucoup. Encore une vague qui balaie tout sur son passage.
Zoé l'observe repartir.
– Pourquoi vous êtes si dures avec lui ?
– On n'est pas dures ! Ça lui fait pas de mal qu'on le crame un peu. Il est gentil, Simon, mais vraiment relou. Faut bien qu'il apprenne la vie.

Ce jour-là, au réfectoire, je verrai Zoé « la fée allumette » s'installer à côté de Simon le lourdaud.
Ici, à la Maison des adolescents, rondelets et squelettiques, boulimiques et suicidaires se côtoient, se parlent. S'épaulent. Entre ceux qui ont toujours faim, ceux qui s'affament sans bruit, ceux qui réclament et ceux qui ont peur de leur assiette, la nourriture est un « sujet », certes, mais jamais un sujet de moquerie, d'ironie ou de quolibets. Tout au long de cette immersion,

je noterai la bienveillance dont ils font preuve les uns à l'égard des autres. Gros ou maigres, ils s'observent, s'entraident, s'entr'aiment.

Ça me surprendra souvent, et m'émerveillera toujours.

2

Le paquebot

« But... if I fall ?
– Oh my darling, what if you fly ? »

Un hôpital ? À première vue, la Maison ressemble à un de ces néo-espaces où l'art brut, gentiment transgressif, se déploie en liberté sur plusieurs étages. Est-ce la façade, en Plexiglas vert émeraude ? On a l'impression de pénétrer dans une œuvre d'art cinétique de Yaacov Agam - celle que l'on peut toujours admirer au Centre Pompidou.

Dans la presse, la Maison de Solenn a parfois été comparée à un paquebot. Architecture tout en longueur, bastingage, marchepied - sa volée de marches en pierre à l'extérieur. Porte vitrée automatique, hall lumineux, arty. À l'accueil trône le portrait en noir et blanc d'une jeune fille aux yeux clairs et au sourire triste : Solenn, disparue tragiquement des suites de sa dépression, fille d'un célèbre journaliste - dont on ne prononce plus le nom. Et à quoi bon ? Tout le monde connaît l'histoire de cette annexe de Cochin, créée en 2004, soutenue par Bernadette Chirac et sa cagnotte de pièces jaunes.

Nulle démagogie : on n'y trouvera pas d'affiches de concerts, ou de portraits de Warhol. La déco est pop et de bon goût, à commencer par la vache porte-monnaie gardienne du temple, dans sa guérite transparente, monumentale sculpture en résine recouverte de paillettes, avec son fermoir métallique géant qui rappelle les bourses vintage de nos grands-mères. J'aime aussi le nu en argile, mince corps de jeune fille en train de glousser, jambes croisées comme si elle avait envie de faire pipi. Son nom ? *Fou rire.*

À l'exception de quelques œuvres, la plupart des tableaux ont été peints par les adolescents en atelier – comme cette toile d'un bleu profond où un petit oiseau au bec d'or s'élance vers les étoiles, avec cette citation : « *But... if I fall ? But my darling, and if you fly !* »

Plus didactiques, les panneaux d'information égrènent leurs messages pédagogiques sur leur structure en métal. On peut y lire : « Je suis moche », « Je suis trop gros, trop maigre », « Je ne pense pas à l'accident », « Les troubles alimentaires », « Les conduites à risque, la sexualité, l'insomnie... » Il y en a pour tous les chagrins et tous les soucis, sans oublier, au centre, les dépliants à disposition de tous, que les ados et parents glissent dans leur sac : « Mon petit-fils est trans », « Je veux prendre la pilule », « Comment consulter un psy », « Venir à bout d'une maladie sexuellement transmissible... »

Tout autour, des banquettes matelassées et des fauteuils corolles en plastique blanc dessinent des espaces privatifs où les familles sont autorisées à se réunir après l'heure du goûter. J'aurai l'occasion à plusieurs reprises de voir parents, frères et sœurs échanger câlins, pleurs ou éclats de rire avec leur proche.

C'est aussi ici que je m'installerai tout au long de cette odyssée pour prendre mes notes.

Tout au fond de cette vaste salle, invisible aux regards, se dissimule une mini-cafétéria où les soignants viennent faire le plein de caféine et d'amitié avant de reprendre du service. Et c'est encore l'occasion d'admirer un tableau qui m'a fait penser à une œuvre du peintre Gaïtis : un groupe d'individus de différentes ethnies comme une troupe solidaire, en marche vers un avenir commun.

L'équipage, parlons-en : depuis 2008, la professeure Marie-Rose Moro, boucles brunes, sourire à fossettes, voix sucrée mais tempérament d'acier, est la capitaine d'une équipe plutôt jeune et diversifiée. La docteure Rahmeth Radjack, 40 ans, d'origine indienne, dirige la consultation, au rez-de-jardin, tête pensante et tête chercheuse ; la docteure Corinne Blanchet, nutritionniste et endocrinologue chargée de tous les TCA (troubles des conduites alimentaires) sans oublier la docteure Gal, les pédiatres (Antoine Périer, Anne Li…) et tous les internes.

C'est peu de dire que les soignants m'ont impressionnée : les infirmières Anthéa, Manon, Ruth, les diététiciennes Aude et Céline ou la psychologue Alice Rizzi - n'hésitant pas à jouer de son origine italienne pour remuer les « trop minces-trop tristes ».

Le trio gagnant des ateliers est composé de Charles (infirmier), Edly (aide-soignant) et Jeanne (éducatrice spécialisée), qui accompagne les jeunes vers les soins, les ateliers ou le réfectoire.

Tout ce petit monde motivant, consolant, mais ne jugeant jamais.

* * *

Je ne m'en suis pas aperçue immédiatement.

Je voyais les soignants marcher, retirer leur parka, arpenter les couloirs en pull mohair, les pédopsys accueillir leurs jeunes patients en veste, jean et bottines... Et soudain, bien sûr, eurêka, je l'ai traduit en mots : ici, il n'y a pas de blouse blanche. Ni rien de ce qui va avec : les mains enfoncées dans les poches, le stéthoscope telle une cravate autour du cou, le petit air supérieur qui dégringole sur les épaules, le sabir médical, la calligraphie illisible sur l'ordonnance... On a bel et bien renoncé à la « noblesse » de l'uniforme, et laissé au vestiaire les blouses surdimensionnées, qu'elles soient à taches propres ou « sales » - ceux qui ont vu *Hippocrate* de Thomas Lilti comprendront.

Alors, oui, renoncer à la blouse, c'est aussi risquer de s'y perdre ; supporter les habiles interruptions des ados sur votre tenue, en pleine consultation : « j'adore votre pull, il est trop cool. » Alors, oui, renoncer à la blouse blanche, et à tous les codes couleur, cela signifie que tout le monde a son rôle à jouer - soignants, aides-soignants, infirmiers, agents d'accueil ou médecins... Et même les femmes de ménage qui peuvent repérer des vomissures dans les poubelles en nettoyant les chambres. C'est l'une d'entre elles qui, pendant une transmission, a incité les soignants à fermer les toilettes de Zoé qui avait recommencé ses purges.

Même chose pour les agents d'accueil, qui ne sont pas *que* des agents. À commencer par Madeleine : « Avec Bahia, on se parle de nos lectures. À chaque pause cigarette. Elle m'a dit qu'elle avait acheté votre dernier roman », m'a-t-elle confié, un matin.

Le premier jour, personne n'est surpris de me voir. Pourtant, si certains journalistes sont accueillis ici, et que la comédienne Isabelle Carré s'y est installée avec son équipe il y a quelques mois pour réaliser un film, c'est la première fois que quelqu'un y pénètre pour y consacrer un livre.

– Un livre ? me demande Madeleine en écarquillant les yeux. Un livre ? Mais un livre sur quoi ?

– Sur l'adolescence aujourd'hui, sur ce lieu, les soins, vous tous !

Ici, on m'a accueillie, tutoyée, intégrée.

À tel point que quand Edly, l'aide-soignant chargé des ateliers, me demandait de temps en temps, non sans malice, « Que veux-tu faire aujourd'hui, Sophie ? L'atelier parfum ? Ou radio ? », je me suis sentie quasiment patiente parmi les patients, voire transparente, sans avoir jamais eu besoin de me travestir en Turque pour cela !

J'ai tendance à penser que les petits secrets dissimulés à la presse révèlent un dysfonctionnement, une crainte d'être démasqué. Ou tout simplement une forme de mesquinerie. Ici, on a d'autres chats à fouetter que de protéger son pré carré. On sauve les jeunes, et c'est ce qui compte. J'ai eu le privilège d'assister aux consultations en présence de l'ado et, parfois, de sa famille.

Aurais-je accepté, moi aussi, la présence d'un écrivain, moi, mère de famille, dans un lieu aussi intime qu'une consultation psy ? La réponse est oui.

Quand un ado perd les pédales, quand il y a déraillement – ce que j'ai connu avec l'un de mes enfants –, on n'est jamais assez nombreux pour poser les yeux sur lui. Alors, dans le bureau de consultation de la docteure Gal, entre l'interne, la pédiatre, les parents, je me suis calée, mon cahier sur les genoux, sans un mot, me faisant oublier.

* * *

– Je t'emmène visiter ?

Ce matin, Bégal m'entraîne au pas de course dans les couloirs vert et gris. Elle fait claquer ses talons sur le lino :

– Ici, les vingt lits sont répartis dans trois unités : la pédiatrie, la psy, les TCA. En pédiatrie se trouvent les diabétiques ne respectant pas leur traitement, les gamins en surpoids, les troubles somatiques non identifiés – certains d'origine psychologique.

– Et les psys ?

– Tentatives de suicide, dépression, refus scolaire anxieux, désco... Et puis le troisième groupe, c'est les TCA, troubles des conduites alimentaires, dont la majorité : anorexie, LA maladie qui a motivé il y a vingt ans l'ouverture de ce centre. Inutile de préciser que les trois familles se recoupent souvent. Il est rare qu'on soit anorexique sans lourde problématique psy...

Les treize chambres vert et blanc se regroupent au second étage, à l'hospit. Elles sont numérotées de un à quatorze, le treize ayant valsé pour cause de superstition. L'effet d'une génération sensibilisée aux forces occultes.

Dans le poste de soins, derrière les vitres transparentes, j'aperçois une longue table rectangulaire équipée de trois ou quatre ordinateurs fixes, un placard (d'où je sortirai avidement, le dernier jour, les trois livres d'or remplis des témoignages d'ados). Ici se rassemblent H24 infirmiers, infirmières, aides-soignants, éducateurs...), l'équipe de nuit relayant l'équipe de jour.

La pièce sert à la fois de salle de réunion quotidienne - pour des points « service » souvent animés - de lieu d'accueil pour les ados en crise, de consigne à portables et d'infirmerie.

Sur la porte, on lit des petits mots doux agrémentés de cœurs - « *Merci à tous les soignants, on vous adore* » - qui me font soupçonner un peu de fayotage, et les plannings du jour, qui me seront bien utiles pour tester les ateliers.

Dans l'arrière-salle, accessible par une petite porte, on soigne les bobos, on « recoud » les entailles des scarifications, et on installe les fameuses sondes entérales (ces tuyaux qui permettent d'alimenter temporairement les plus rebelles).

– Voilà le Club, indique Bégal.

À la fois salle de jeux, home-cinéma, foyer, salon pour pyjama parties... La pièce maîtresse, c'est le canapé en U où, en se serrant, les ados au complet doivent pouvoir se caler. On y trouve aussi une trentaine de jeux de société et tout autant de DVD, *Peau d'Âne*, *Les Choristes*, *Le Cercle des poètes disparus* parmi d'autres bons classiques, *Harry Potter* et compagnie, bien pratiques pour ceux qui n'ont accès ni à Internet ni - par conséquent - aux plateformes. Dans le fond de la pièce, je distingue un puzzle émietté sur une table - une reproduction de *La Liberté guidant le peuple*, de Delacroix. Mille pièces, une hypocrisie, me dis-je : quel ado irait se frotter à cette épreuve de patience à l'heure des réseaux sociaux ? Je me rendrai rapidement compte que, comme toutes les idées préconçues dont je me harnache, celle-là ne tient pas la route.

– C'est l'heure du téléphone, m'annonce Bégal, en haussant un sourcil, contemplant la demi-douzaine d'ados avachis sur le canapé, à cheval sur les accoudoirs, aspirés par leur écran.

En revanche, devant Simon, absorbé par son jeu vidéo, Bégal lance :

– Dis donc, c'est plus l'heure de la console ?

Haussement d'épaules de l'intéressé, qui ne lâche pas son joujou. On n'est pas là non plus pour taper sur leurs doigts avec une règle en fer.

Ce qui accroche mon regard, c'est cet immense tableau blanc, qui couvre tout le mur du fond. Une sorte de journal extime, déployé sur six panneaux, effaçable à l'infini, sur laquelle ils griffonnent leurs angoisses, leurs colères, leurs craintes, leurs espoirs, leurs croquis quand ils n'ont pas les mots. Ce tableau, c'est leur cerveau à cœur ouvert, leur matière grise sur surface blanche. Une aubaine pour adultes décontenancés.

Des bouches immenses, ouvertes ou fermées, des yeux gigantesques des paupières fatiguées comme des rideaux. Des hashtags #force #courage, #TCA...

Oui, on n'aime pas manger
Oui, on aime bien « Top chef »
Et alors ?

DICTATURE, écrit en gros.
Et, en dessous :
49-3

I HATE MY LIFE *– Bahia.*

On écrit sur les murs
Le nom de ceux qu'on aime.

Trop de chansons dans les comédies musicales.

Plus jamais de promesse,
Mon cœur c'est du cristal.

Les balances, ça n'existe qu'en prison.

Les squelettes sont des fils de putes.

J'aimerais rentrer chez moi une bonne fois pour toutes.

Réfléchis pas et MANGE #TCA.

Priez pour qu'on accepte nos perm !

Emy va me manquer (La meuf qui passe des plombes dans la salle de bains).

« Mamie vote Marine
Elle a plus que trois ans à vivre » – Orelsan.

Et cette citation de Truffaut, rédigée d'une petite écriture enfantine, avec des ronds sur les *i*, qui me pique un peu les yeux :

« L'adolescence ne laisse un bon souvenir qu'aux adultes ayant une mauvaise mémoire. »

Avec un smiley qui sourit.
Ne jamais oublier le smiley qui sourit.

Escalier, troisième étage, « ateliers culturels ». J'observe le baby-foot, le jeu de palet sur lequel je verrai peu d'ados envoyer valser leur rage. Ils préfèrent s'asseoir dans le petit canapé rouge ou sur une chaise, de dos, visage collé contre la vitre verte. Message implicite : ne pas déranger (l'équivalent du « sens interdit » sur la chambre d'ado). L'étage est dédié aux ateliers – radio avec Teddy, ciné-philo, mais aussi salles de cours et bureau de Christine, la responsable de la scolarité.

Évidemment, il y a la médiathèque – la fameuse médiathèque tenue par Marie, avec ses fauteuils rouges à haut dossier, derrière lesquels ils se font oublier. De l'autre côté, les arts plastiques avec Claire (et son bric-à-brac improbable – boa, paillettes, masques à peindre ou petits bonshommes articulés... –, la salle de sport équipée de tapis de yoga, rameur, vélo elliptique, et autres machines à muscles, un rêve pour les anorexiques, qui ne sont pas toutes autorisées à les utiliser.

J'allais oublier l'incroyable salle de musique, avec son piano à queue, sa batterie, ses percussions, ses guitares... « Ce sont les moins malades qui s'y rendent », me confiera une infirmière. Pour créer, il faut avoir un brin d'espoir...

Sur les murs du couloir au troisième étage, des mains généreuses ont accroché des tableaux émouvants, que je conserve en photos comme de précieuses œuvres d'art. Souvent ils décrivent le corps souffrant : une jeune fille rousse sans visage enfournée dans un cône noir, un personnage – rectangulaire comme un robot de *Minecraft* – écartelé, laissant exploser en son centre une rage comme un typhon, une paupière gigantesque, sanglotant, assortie de ce conseil « *Be creative with your pain* », un rectangle de cœurs alignés, tout noirs, à l'exception d'un seul cœur blanc – comme un espoir dans toute cette noirceur –, un nourrisson minuscule pendu au sein efflanqué d'une femme encore enceinte... Corps, maigreur, maternité, noirceur et espoir sont partout.

Le self se trouve tout au bout du couloir - de même que la petite salle à manger thérapeutique, dite la « théra », avec ses trois tables rondes (rouge, orange, vert) comme trois feux de signalisation. La table rouge est réservée aux plus fragiles et aux débutants. Tous les ados y déjeunent et dînent au début du séjour, mais passent rapidement à la seconde étape : la table orange.

Les tables rondes sont plutôt sympathiques, et c'est autrement chaleureux qu'une cantine de lycée.

– Juste à côté, c'est le bureau des diét, tu veux voir ?

Oui. J'entre. Pour l'instant, Aude est dans les étages. Je constate que son bureau est rempli de plantes, majoritairement des orchidées de toutes tailles.

– Ça ressemble au bureau du professeur Chourave, dans *Harry Potter*.

– Aude prétend que ça pousse, il est ensoleillé.

Plutôt bon signe...

Les plantes, j'en verrai aussi au quatrième, sur la terrasse, tout en haut. Il y a des tables de pique-nique, un potager, où l'été, les ados peuvent cultiver fraises, basilic et radis. « On a eu un jardinier, avant le confinement. On doit remettre tout ça sur pied. »

Bégal inspire un grand coup :

– Quand il fait beau, on vient prendre notre café ici. Ah mais oui, ils sont gâtés, nos gamins, se félicite-t-elle, avec une fierté toute maternelle.

Elle tire sur son masque - *tic* –, respire un bon coup, s'accoude au balcon, savoure cette micro-pause en plein air. Elle me raconte une partie de son parcours. Elle travaillait auparavant à l'hôpital Avicenne, à Bobigny, au service des urgences psychiatriques. C'est là qu'elle a rencontré Marie-Rose Moro - une vraie grande histoire d'amitié professionnelle. Un tandem, un duo absolument complémentaire.

– J'ai immédiatement adoré travailler avec elle. Ça fait longtemps qu'on se pratique : dix-sept ans ! Je suis psychiatre de formation, mais j'ai toujours adoré m'occuper des ados et des jeunes adultes. J'ai appris avec eux, sur le terrain. De fait, quand Marie-Rose a été appelée par l'AP-HP à remplacer le professeur Rufo, en 2008, elle m'a immédiatement demandé de reformer le binôme avec elle à Port-Royal.

Oui, mais Bégal ne l'entend pas de cette oreille.

– Je n'avais pas envie de ça : les paillettes, le clinquant, les « fils de ». Quand on est psychiatre à Avicenne, me dit-elle, on ne frime pas. À Cochin, c'est différent. On roule des mécaniques en disant « Je suis psy à Cochin. » Marie-Rose a su me convaincre. Elle m'a dit que je ne m'occuperais pas de la presse (*elle rit en me regardant*). Voilà comment j'ai craqué. Et j'adore m'occuper des ados.

Bégal me raconte son arrivée ici, en 2009 - quatorze ans déjà !

– C'est exténuant, les ados, c'est chronophage. On voit le jeune (une bonne heure), et ensuite on voit les parents, et puis les parents avec l'ado... C'est sans fin.

Soudain, le ciel s'est obscurci. Bégal jette un œil à son téléphone et sursaute :

– C'est pas tout ça mais j'ai un entretien. Entretien familial avec Étienne. Famille de médecins, Étienne va très très mal. Anorexique. C'est rare pour un garçon. 10 %. Il nous cause une peur bleue.

Je l'entendrai souvent, ça, de la part de Bégal : « une peur bleue ». La trouille. Trouille de laisser sortir ceux qui ont envie de mourir, trouille de les laisser dans la nature « sans filet ». Je ne l'ai jamais entendue le dire aux parents.

Je l'ai juste vue adopter la même attitude, bienveillante, impliquée, et prêter, comme elle dit, son « cerveau », son « matos » à tous ces ados qui n'ont souvent pas de mots pour exprimer leur mal-être. Ces mots comme des bouées jetées à la mer, qui peuvent sauver d'une noyade.

Et nous voilà dégringolant les marches, direction le centre stratégique, l'hospit.

3

Alicia, 15 ans, préad

« Dès la première purge, ici,
on ferme les toilettes à clé.
Tu sais bien que c'est pour te protéger. »

On n'hospitalise pas à la légère. Surtout à l'adolescence. Les risques ne sont pas anodins : il y a l'éloignement de la famille et des amis, la coupure parfois brutale avec le lycée, et les rituels essentiels dans une période de mutation.

Et puis, il y a les « emprunts de symptômes ». J'ignorais que les symptômes pouvaient se « prêter », comme une paire de bottes ou un jean, et pourtant c'est bien le cas. Certains prononcent même le mot de « contagion émotionnelle ». Y a-t-il plus communicatif qu'un fou rire ou une crise de désespoir ?

Après la parution des *Souffrances du jeune Werther*, et l'augmentation du nombre de cas de suicides, les Allemands ont évoqué le phénomène de contagion mimétique ou « effet Werther ». Ici, on craint tout particulièrement les scarifications, ces entailles provoquées par un objet plus ou moins tranchant - pointe d'un stylo, pique de compas, cutter, mais parfois tube de rouge à lèvres – qui sont une nouvelle forme d'expression de la souffrance adolescente. Le nombre de mains bandées de gaze, et de cicatrices jusqu'à l'épaule me l'ont confirmé : c'est spectaculaire.

Pour toutes ces raisons, sans oublier la principale – le faible nombre de lits –, seuls 10 % des jeunes pourront être locataires d'une chambre verte.

Les autres seront suivis au rez-de-jardin. À la consult de jour.

* * *

— Au fond du grand hall d'entrée, tu trouveras un ascenseur, je t'attends en bas à 11 heures, me dit Bégal.

Porte vitrée, escalier, quelques marches, porte automatique, et me voici dans une vaste salle d'attente avec vue sur jardin, sur laquelle veille Suzy, agente d'accueil – souriante et affable, contrairement aux ados renfrognés ou ensommeillés, affalés sur leurs sièges, baskets plantées sur le lino qui bâillent en attendant leur tour.

Une porte s'ouvre, Bégal passe la tête et m'invite à m'installer dans le bureau qu'elle occupe quand la docteure Radjack donne ses cours à la fac.

J'observe les murs – typiques d'un lieu où s'échangent colères, secrets et chagrins. Il y a là les trois singes de la sagesse – yeux cachés, bouche bâillonnée, oreilles couvertes – qui illustrent trois formes de déni.

Je reconnais aussi l'affiche promotionnelle de la collection d'Actes Sud Junior « Ceux qui ont dit non », avec des portraits d'Angela Davis, de Frida Kahlo ou de Rachel Carson... qui se sont insurgées contre l'intolérance.

– Ce matin, m'annonce Bégal, c'est Alicia, qui vient pour une préadmission.

Restriction alimentaire sévère, et plusieurs tentatives de suicide. Alicia sera certainement hospitalisée à l'issue de la séance.

Bégal m'avertit :

– Je l'ai déjà vue. Le diagnostic est posé. Aujourd'hui, il s'agit de lui expliquer le fonctionnement de l'hôpital.

Ça tombe bien. Moi aussi, j'ai besoin de savoir.

Quand Alicia pénètre dans le bureau, je suis surprise : elle n'est pas particulièrement maigre, même si son ample pull norvégien pourrait bien dissimuler une silhouette gracile.

Alicia a un petit côté « Cœur de pirate », mèches blond platine, petit anneau dans le nez, mini-kilt écossais, collants noirs, guêtres grises et bottines lacées Dr. Martens en cuir noir verni, qui semblent démesurées comparées à ses jambes-baguettes.

Sa mère, coupe au carré méché, cheveux retenus par un serre-tête, vêtue d'un manteau anthracite à mi-mollets et de mocassins, est aussi classique que sa fille est excentrique.

Un couple bien mal assorti. Ou trop bien, peut-être.

Alicia s'assied, cale son sac à dos à ses pieds, et entreprend d'éplucher ses petites peaux d'ongles.

La docteure Bégal rajuste son masque, et commence l'entretien comme toujours, en douceur. Comment ça va depuis la dernière fois, les angoisses se sont-elles un peu calmées ? Alicia soupire, énumère : « hyper-anxiété », « crises d'angoisse » et même « attaque de panique ». Elle a souvent dans la gorge une boule de coton, ou d'argile qui durcit. Un genre de big bang qui n'exploserait jamais. Impossible de prendre son souffle, d'avaler un verre d'eau. Rien.

– Comment ça se passe, en cours ?

– Quand elle y va ! lance la mère.

Coup d'œil cinglant d'Alicia.

– En fait, ça m'arrive en cours aussi, l'étouffement. Alors, je me concentre dessus et je psychote, et plus ça tarde à passer, plus j'ai peur de tomber en mode coma.

– Alors ?

– Alors je sors.

– Et ensuite, tu reviens ? Quand tu respires ?

Alicia secoue ses mèches blondes.

– Non. Jamais.

– Tu peux me rappeler ton traitement ? demande Bégal.

– Fluoxétine depuis un peu moins d'un an. Atarax quand j'ai des crises d'angoisse, et un comprimé d'Imovane pour dormir, souffle l'adolescente.

– Et tu dors ?

– Ouais. À partir de 5 heures du mat, grince-t-elle.

– Pour un réveil à 7 heures, ou 7 h 30, c'est dur en effet. Tu arrives à te lever ?

Haussement d'épaules, dont on ne parvient pas à décrypter la signification.

Bégal griffonne sur le dossier.

– Tu as un peu récupéré du côté du poids, il me semble, non ?

La mère toussote, dans une moue dubitative. Les kilos sont un sacré terrain de lutte. Les mères voudraient tant que les filles « profitent » comme on disait avant - les filles voudraient tant que les mères se taisent...

– Raconte-moi.

– Quoi ?

– Ton rapport à la nourriture ? Ça a commencé quand ?

D'une voix à peine audible, Alicia raconte sa vie - depuis l'âge de 11 ans, hachée, discontinue, heurtée, faite d'alternance entre orgies et jeûnes.

Rien que du classique : une faim d'ogre, insatiable, qui vous pousse à dévaliser le frigo. Et puis, après l'orgie, cette sensation insupportable d'être éléphantesque, en train d'exploser. La grenouille et le bœuf.

Autour de la table ronde, Alicia raconte une vieille histoire de manque de limites, d'effacement des contours corporels ; une succession de vide et de plein, de compulsions et restrictions.

Son entrée dans l'anorexie, la grande, la grave, s'est faite à 13 ans par un évènement *a priori* anodin : une extraction de dents de sagesse, venue catalyser le jeûne. Et ce qui l'a précipitée dans la spirale du vide c'est encore et toujours le principal accusé - celui dont j'entendrai parler en permanence : le confinement. Terreur de la station assise, horreur devant les calories qui avancent masquées, qui s'accrochent à vous comme des sangsues.

Alors on se restreint. Jusqu'à l'aphagie. Zéro prise de nourriture, ou quasi. Comme elle l'explique, le visage grave, le regard fixé, devant elle, sur l'affiche de « Ceux qui ont dit non ». Alicia se transforme en une gréviste sans revendication.

– Oui, mais pourquoi as-tu cessé de te nourrir ? demande la mère.

– Et pourquoi est-ce qu'on mange ? répond l'ado.

– Je n'ai pas vu les choses venir, dit la mère. Elle nous assurait qu'elle s'alimentait dans sa chambre. Mais je vérifiais les paquets, les boîtes de céréales... Et même le contenu de sa poubelle. Pas la moindre miette. Les rares fois où elle venait à table, elle triait, sans fin. Ça, on voyait bien. Elle avait une façon d'étaler son Sopalin sur ses genoux, tout en faisant la conversation. Puis, elle émiettait sa nourriture tout autour de l'assiette, avant de la faire glisser dedans. Et ensuite, ça disparaissait dans les toilettes.

Alicia ouvre de grands yeux.

– Ça se fait pas.

– ... de ?

– Pourquoi tu me l'as pas dit ?

– Quoi ?

– Bah que tu me voyais ! Ça se fait pas.

La mère hausse tristement les épaules :

– Bien sûr que je le voyais. On voyait que ça, tu sais, pendant le confinement...

Rehaussement d'épaules. Alicia secoue la tête et marmonne :

– Putain de Gestapo. Fliquée...

– ...

– Tu sais, sourit Bégal, on a tous eu cette impression d'être surveillés par des kapos, avec les feuilles de dérogation. Rappelle-toi, le président a même parlé de guerre. Alors pour vous, les ados... Vraiment ç'a été difficile. Très, très dur.

Et de murmurer :

– On en paie encore les conséquences.

Les yeux de la pédopsychiatre fixent ceux de l'adolescente. Même si le masque dissimule la bouche, on imagine qu'elle sourit avec bienveillance.

– Donc aujourd'hui, ton poids, c'est... (*Elle baisse les yeux vers le dossier*) : trente-neuf kilos pour un mètre soixante et un. C'est bien ça ?

Béatrice Gal continue à griffonner en silence, avant de jouer avec son stylo, dans un savant balancement, fixant Alicia dans les yeux.

– Est-ce que tu te fais vomir ?

L'adolescente répond du tac au tac.

– Ça m'est arrivé, oui.

– Souvent ?

– Plusieurs fois par jour. Mais plus maintenant.

Elle réfléchit :

– Ça fait une semaine, je crois. J'ai arrêté, ouais, dit-elle, les yeux plongés dans ceux de sa mère. C'est vrai ! fait-elle à l'adresse de cette dernière. Tu me crois pas ? Tu m'as vue, tu m'as entendue ?

La mère baisse les yeux en émettant un petit grondement guttural dont je ne saisirai pas le sens.

La docteure Gal soutient son regard avec ses yeux revolver, qu'elle utilise pour débusquer les bobards, et surtout dissuader les ados de mentir.

– Tu sais que, si tu es hospitalisée ici, dès la première purge on ferme les toilettes, et tu sais aussi que si l'on fait ça, c'est pour vous protéger, n'est-ce pas ?

Cœur de pirate miniature hoche la tête en fermant à demi ses paupières charbonneuses.

Aucun mouvement de révolte. J'en ai la confirmation, cette fois encore : tous ces ados ont ardemment, désespérément besoin des adultes, pour les aider à dompter ce petit Satan cornu au fond d'eux. Ils ont besoin d'eux pour les empêcher de se blesser, de s'affamer, pour les ramener du côté de la vie. Ils le savent, même si, la tête sur le billot, ils ne l'avoueraient pas.

Ça me marquera tout au long de cette immersion : ils sont dociles, intelligents, en quête de réponses et d'amour.

La docteure Gal retourne à l'enfance d'Alicia. Est-ce que la jeune fille a en mémoire certains évènements marquants ? Elle réfléchit - tandis que la mère écoute, bras croisés.

– Oui, oui, dit Alicia, il y a quelque chose... Ce fameux jour, à Tignes... Papa. On a skié avec Papa, Basile et moi. C'était la première fois pour Basile, le premier tire-fesses. Il a lâché la perche, et glissé en hurlant vers l'arrière sans pouvoir s'arrêter. Papa l'a suivi - il était tout petit, il faut dire. Et à moi, il a dit de l'attendre tout là-haut, qu'il viendrait me chercher dès que possible.

C'est ce que j'ai fait. Alors j'ai attendu, attendu... Et il a commencé à neiger.

– Ça t'a inquiétée ?

Je vois la pâleur d'Alicia, ses yeux brouillés, et je me demande si c'est la première fois qu'elle parle de ça.

– Il a neigé de plus en plus fort. J'avais froid, j'étais en haut de la piste. J'étais sortie du côté d'une piste rouge, et j'avais le vertige. J'ai planté les bâtons devant moi pour ne pas glisser, mais j'étais devenue une statue. Je ne sais pas combien de temps ça a duré. Je me suis crue abandonnée, j'ai vu les regards de certains adultes quand je me suis mise à pleurer. Quelqu'un m'a proposé de descendre avec lui, mais j'ai eu peur. J'avais peur de tout. J'étais paralysée. J'étouffais sous les flocons, il paraît qu'on étouffe comme ça sous une avalanche... Quand il est revenu me prendre, j'avais l'impression... qu'il ne reviendrait plus jamais.

J'entends la mère murmurer quelque chose d'incompréhensible.

– Il m'a dit... Il m'a dit que mon frère s'était cassé la jambe en heurtant le pylône, qu'il avait dû l'accompagner aux urgences. Il est même resté avec lui, jusqu'à ce que ça aille mieux.

Alicia mordille la chair à vif de son index pâle. Un silence envahit la pièce.

La docteure Gal prend des notes en silence, tandis qu'Alicia conclut :

– Et voilà. C'est tout.

Ce que Bégal accueille par un tout aussi sobre :

– En effet...

Alicia raconte encore deux ou trois anecdotes, qui révèlent une relation difficile avec un père colérique, consommateur occasionnel de stupéfiants, et souvent violent en paroles.

La docteure Gal ne quitte pas l'adolescente des yeux.

– Ça va toujours bien à l'école ? Et tes activités extrascolaires ? Tu parviens à les maintenir ?

– Ça fait longtemps que j'ai arrêté la danse.

Petite moue.

– Avec mon corps... Ça devenait difficile.

Et l'adolescente explique : le studio de danse, ces filles qui papillonnent, devant elle, emberlificotée dans son image floue ; ce miroir gigantesque et persécuteur qui démultiplie son reflet, le justaucorps, les cuisses, les seins ; ce miroir qui couvre l'intégralité du mur, auquel vous n'échapperez jamais, alors que vous n'avez qu'une envie : fuir. Se voir au moindre pas chassé, ce n'était plus possible. Alors, Alicia a préféré le dessin. Faire des copies. Puis des copies de copies. Des portraits de femmes, *La Jeune Fille à la perle*, Marilyn.

– On a des cours de dessin ici, à l'hospit, avec Claire, professeure d'arts plastiques. Tu pourras faire de la poterie, de la peinture. Et même des photos et des vidéos. Tu as vu dans le hall ? Ce sont des tableaux réalisés par ses élèves ; pas mal, tu ne trouves pas ?

Un éclair glacé traverse soudain le regard de l'adolescente.

– J'y ai repensé, à l'hospit. C'est non.

– On est juste là pour en discuter, de cette hospit. Rien de plus.

– Et vous, madame ? Qu'en pensez-vous ?

– On va peut-être essayer autre chose. Alicia me disait à quel point cette perspective la mettait mal à l'aise. Et son père n'est pas très chaud non plus. Il pense qu'elle peut guérir sans. Enfin, bref, on recule un peu, reconnaît la mère.

La docteure Gal croise les jambes :

– On ne force pas, ici, évidemment. Il n'y a aucun cas d'hospitalisation sous contrainte. On n'a que vingt lits pour des demandes exponentielles. L'intérêt d'une hospit, ici, c'est ce double regard, sur le corps et le psychisme. Et ça n'est pas si courant. Ce regard global, cette double expertise sur chaque adolescent... Parce que les troubles des conduites alimentaires ont bien évidemment une répercussion sur le corps - tant au niveau des organes internes que du squelette. Ostéoporose. Problèmes de foie...

Silence.

J'observe la mère qui regarde la docteure Gal. Je la vois déchiqueter la feuille du rendez-vous, sur la table, et la fille tapoter le sol du bout de ses Doc. J'entends le silence, rompu par la docteure Gal, qui évoque l'emploi du temps d'Alicia pendant son hospitalisation de plus en hypothétique. Mais d'où sort-elle encore sa force de conviction ?

J'ai l'impression qu'elle cherche à « vendre » un séjour cinq étoiles, alors que le manque de places est flagrant et que les demandes affluent chaque jour par dizaines. Infatigable, pugnace, elle raconte les différents volets de la thérapie : les consultations avec les internes (qu'elle supervise), les constantes prises tous les matins, les pesées (une fois par semaine), les deux groupes de parole obligatoires : le premier, tous les jeudis matin avec la professeure Marie-Rose Moro, pour parler de l'actualité ; le second, avec les soignants, pour évoquer les soucis matériels, fenêtres qui débloquent, problème de chauffage, etc.

– La spécialité de cette maison, dit-elle face au visage bougon de l'ado, ce sont les ateliers de médiation thérapeutique : les arts plastiques, atelier radio et revue de presse avec Teddy, une salle de musique (avec piano, batterie, guitare...). Parmi les ateliers très appréciés, la socio-esthétique, et la socio-coiffure, avec Céline et Chloé. Un vrai salon de coiffure, avec des bacs, des sèche-cheveux... On ne fait pas de coloration, mais des coupes et des shampoings. Les ongles. Et, j'allais oublier, les ateliers cuisine, avec Aude et Céline, les diét. Charles, le responsable des ateliers, vous organise un planning aux petits oignons tous les vendredis soir pour la semaine à venir. Chacun de nos patients doit suivre deux à trois ateliers par jour environ. Ça, c'est obligatoire.

Les yeux de l'adolescente s'animent. La docteure Gal poursuit en évoquant la scolarité, les cours organisés par Christine, détachée de l'Éducation nationale, et dispensés par les enseignants de l'école à l'hôpital. De très bons profs.

Vigoureux hochements de tête de la mère.

– Oui, approuve la docteure Gal, il est important de ne pas rompre avec la scolarité. En revanche, pas de pression. Pas plus de deux à trois heures de cours par semaine. Et au moment de l'inventaire, on vous confisque vos cahiers et livres scolaire. Les repas sont servis au réfectoire à 8 h 15, 12 h 15, 16 h 15, 19 h 15.

– Et le téléphone ?

– Deux fois dans la journée, après le déjeuner pendant une heure et demie, et après le dîner. C'est au poste de soins que ça se passe. Vous venez les récupérer et ensuite vous les leur rendez. Si tu veux écouter de la musique, tu peux en télécharger sur un iPod, et ça on peut te le laisser. C'est l'accès à Internet qui est limité. Avec interdiction de poster des photos des autres ou de l'hôpital sur les réseaux. Ou évidemment d'aller fréquenter des sites un peu chelous, qui vous donnent de mauvais conseils. Est-ce que tu fumes ?

– Dix cigarettes par jour environ, répond Alicia.

– Il y a des pauses cigarette après chaque repas mais c'est tout. Ça t'obligera à réduire un peu. Vous descendez avec un soignant, dans la petite cour devant l'hôpital. Et du côté des stupéfiants ?

Alicia a un petit sursaut de surprise.

– Rien. J'ai essayé une fois. Crise de parano aiguë. J'avais l'impression que tout le monde riait de moi. Les yeux rouges comme des crétins. Flippant.

– J'allais dire « tant mieux ». Il ne faut pas y revenir. Le cannabis peut entraîner des crises d'angoisse, des décompensations, sur un cerveau encore en devenir.

– Et les permissions ?

– Le premier week-end, pas de perm. Ensuite, on autorise des retours à la maison, départ le samedi après le petit déjeuner et retour le dimanche dans l'après-midi. Ici, seules les familles, la fratrie sont autorisées à venir.

Pas les amis. On n'est pas équipés pour ça. Tu peux les recevoir trois fois par semaine, après le goûter, vers 17 heures. Ça se passe en bas, dans le hall, dans les espaces privatifs.

Quand mère et fille se lèvent pour disparaître dans le couloir, je marque ma surprise. Alicia sera-t-elle vraiment hospitalisée, alors qu'elle ne paraît pas si mal en point ? Même si tout ne se joue pas au kilo près, elle est plutôt moins maigre que d'autres.

Bégal me répond que, en effet, Alicia va mieux. Qu'elle n'est probablement plus prioritaire. Que, parfois, la simple évocation d'une hospitalisation permet un déclic chez la prépatiente. Et que c'est bien la raison pour laquelle on prête un soin infini à ces consultations de préadmission. Elles peuvent être thérapeutiques. On y fait passer des messages.

– Tu vois, sourit Bégal, ici tout compte, la moindre petite seconde d'attention aux symptômes.

Je comprends pourquoi j'aime tant être ici, les écouter, griffonner. Parce qu'ici la santé se joue aussi sur les mots.

– Ces deux consults lui ont fait du bien, Alicia sera suivie ici, ou en hôpital de jour. On va réfléchir.

Elle tire sur son masque pour le rajuster, laisse échapper un sourire et, en réponse à ma question, papillote des yeux :

– Oui, c'est crevant. Chronophage. Épuisant. Allez, je retourne au second étage. Je vais essayer de grignoter quelque chose avant mes consultations. Une petite sardine, un quignon de pain et un café !

Alicia, 15 ans, préad

Elle éclate de rire, clin d'œil à une de mes questions d'il y a quelques jours sur le nombre de boîtes de conserve empilées *in situ*.

De retour dans la salle d'attente, je note qu'en une heure les ados se sont multipliés. Tous les sièges sont occupés. Combien d'entre eux rejoindront-ils le second étage ? Combien d'entre eux sont-ils comme Alicia, en déséquilibre entre deux mondes, basculant lentement, comme au ralenti, ou bien chutant d'un seul coup ? Combien d'entre eux oscillent, se relèvent, tombent, se reprennent ? Combien retiennent leur souffle, à pas mesurés, sur le fil du funambule ? Ne pas trébucher, ne pas glisser, ne pas grossir, mais avancer, et, oui, grandir...

4

Bahia, désco et affamée

> « La bombe humaine, tu la tiens dans tes mains
> Tu as l'détonateur juste à côté du cœur.
> C'est la bombe humaine [...]
> Faudrait pas que tu t'laisses aller... »

Dans le couloir, ce matin, Bahia fredonne la chanson de Téléphone. Elle porte un décolleté pigeonnant, un corset en satin noir sur son pantalon rose, et des tongs qui soulignent ses ongles mauve nacré. Elle m'observe de son regard en coin, en continuant de plus belle à psalmodier sur l'Apocalypse :

– « C'est la fiiiin, oui la fiiin. »

Avant d'entrer dans une forêt obscure, on chante à tue-tête pour se donner du cœur au ventre.

La porte s'ouvre, Bégal la convie à entrer. Je lui emboîte le pas ainsi que Léa, l'interne en psychiatrie, référente de l'adolescente.

Aujourd'hui, un grand soleil illumine le bureau - le tableau africain, au mur, et le canapé blanc recouvert de coussins, vers la fenêtre. Le moelleux du canapé n'a pas échappé à Bahia, qui bâille en demandant si elle peut s'allonger aujourd'hui :

– Pas pour une prise de tête, mais pour un petit coma. Parce que pour ce qui est de dormir, *no way*, putain !

Assise sur sa chaise, mains sur les genoux, elle pourrait sembler calme s'il n'y avait ce mollet tressautant comme un marteau-piqueur.

La docteure Gal embraie sur le sommeil.

– Toujours autant de problèmes pour dormir, Bahia, je vois.

– Moi, je n'en ai pas, répond Bahia, qui assure dormir ses cinq heures comme d'habitude, mais ELLE, oui, elle cette tarée d'Éline, et son foutu corps qui se met à gesticuler en pleine nuit. Cette nuit, à 3 heures, je l'ai entendue. Elle respirait fort. Sa série d'abdos. Inspiration, expiration, inspiration, expiration. Avec les écouteurs dans les oreilles, vous savez, on se rend pas compte qu'on parle ou qu'on respire fort. Ensuite elle a pris une douche ! Et puis elle a rangé ses affaires. Le bruit des sacs en plastique. Putain ! L'angoisse. Elle a une rangée de sacs en plastique dans lesquels elle fourre ses affaires.

Bahia se penche vers la psychiatre.

– Vous avez vu mes yeux ? Non ? Mais si, les cernes.

Sa jambe s'agite de plus belle.

– JPP.

Elle s'énerve :

– Je suis pas psy, moi. J'ai pas à gérer Éline.

Bégal lève la main.

– Alors là, cent pour cent d'accord. Qui t'a demandé de t'occuper d'Éline ? Pas moi en tout cas.

– Pas vous ! Mais une soignante est venue pour me reprocher d'avoir laissé la fenêtre grande ouverte en plein janvier ! Mais c'est cette taspé qui l'avait laissée ouverte. Idem pour ma gourde. J'ai pas le droit de boire de l'eau ? On m'a reproché d'avoir une gourde pleine !

La psy s'avance sur le bord de sa chaise, comme si elle s'apprêtait à dire un secret :

– Tu sais que ça fait partie de la maladie, non ? Laisser la fenêtre ouverte en espérant perdre quelques calories. Ne jamais s'asseoir.

Quant à la gourde, peut-être les soignants craignent-ils qu'elle l'utilise avant la pesée.

– Oui, je sais. Mais merde.

– Je sais que tu sais, Bahia... Qu'est-ce que je peux te proposer... Tu veux changer de chambre ?

Bahia sursaute. Surprise.

– Bah non, j'l'aime bien, moi, Éline. Même si elle passe trois heures dans les toilettes tous les jours. Même si elle est grave barrée. Même si c'est un fantôme, cette meuf. En fait j'ai pas envie de l'échanger.

Je cache mon sourire dans mon cahier.

La docteure Gal rit doucement.

– Bon... Parle-moi plutôt de toi. Elle était bonne, cette raclette, à 16 h 30, hier ?

Bahia cesse de mastiquer son chewing-gum, prise en flagrant délit, puis rit.

– Ça matonne sec, on dirait. Bah oui, à 16 h 30, un goûter quoi. Y a ceux qui mangent des yaourts sans sucre, et puis y a moi qui mange une raclette. Qui m'a vendue ?

Bégal hausse les épaules.

– Je sais que tu as eu une permission pour le goûter, et que tu t'es régalée.

– De ouf. Bien sûr que ça m'a fait du bien.

Bahia croise sa jambe droite sur la gauche, agite sa tong.

– J'ai tout le temps la dalle, ici, c'est pas avec ce qu'on me donne...

Soudain, sa voix s'adoucit :

– Est-ce que je pourrais avoir une collation le soir ?

– Affirmatif. Tu l'auras dès ce soir.

– C'est quoi ? Une tablette de chocolat ? Un Magnum vanille ?

– Dis donc, tu vas un peu loin avec ton Magnum, toi. Parle-moi plutôt de toi.

Comment s'est passée la rentrée de janvier ?

– Tout le temps mal au bide. Comme d'hab.

Bégal penche la tête :

– Tu as entendu parler du deuxième cerveau, j'imagine ? Concrètement, tu vois, les chercheurs ont découvert que nos intestins et l'œsophage étaient tapissés de neurones. Il y a un dialogue entre ces neurones et ceux du cerveau. Une sorte d'axe intestin-cerveau. On peut avoir mal au ventre parce qu'on a une souffrance psychique, et qu'elle s'exprime de cette manière. Quelque chose qu'on ne digère pas, ce peut être un signe d'angoisse.

– Putain oui. La tare familiale chez nous. Tout le monde a mal au bide, je vous jure.

– Qu'est-ce qui te soulage ? Tu prends du Spasfon ?

– Oui, et un Efferalgan.

Béatrice Gal note sur son calepin, tandis que Léa, en face de moi, rappelle le traitement médical mis en place pour l'adolescente.

– On va essayer de te soulager un peu plus. Et du côté du lycée ?

La jambe de Bahia tressaute de plus belle.

– C'est relou depuis trois ans. Je tiens pas en place, j'étouffe. J'ai tout le temps envie d'aller aux chiottes, alors oui, je me retiens, je pense que ça me fait chier. Et après, c'est les montagnes russes dans le bide. Et faut voir l'état des toilettes dans la cour. Tellement dégueu qu'on peut pas. Ça sort pas, oui, bon, je vous fais pas un dessin.

– Tu en as parlé à l'infirmière ?

Bahia s'étouffe littéralement de rire.

– L'infirmerie ? C'te blague ! Vous savez ce qu'elle m'a donné, l'infirmière ? Allez, devinez... Un sucre ! Un SUCRE ! Et après, cette bâtarde qui me laisse pas sortir seule. À 16 ans, faut que quelqu'un vienne me chercher pour rentrer à la maison. Mais ma reum bosse...

Comme si les vannes s'étaient ouvertes, la colère fuse. Tout le monde la fait iéch dans ce lycée. Ils sont méchants. Les élèves, qui la narguent d'un sale œil. Les profs. Pervers. Rageux. Des porcs. Cinquante balais au moins.

La pédopsychiatre rit de bon cœur, et demande, si c'est vraiment une tare d'avoir 50 ans.

– Bien sûr que c'est une tare, reprend Bahia. Cinquante ans de vieille haine rance dans le bide, ça vous rend insensible. Cinquante ans sans avoir quitté jamais un seul jour la taule - car oui, ils en sortent pas, des barreaux, jamais. Ça vous robotise. Tout le monde récite les cours d'une voix de synthèse, alors moi, conclusion, je préfère rester à la maison avec ma mère, ma grand-mère : ça crie, ça hurle, mais au moins ça vit.

– Et ton père ?

À la question du paternel, Bahia hausse les épaules, sa colère bizarrement tombe d'un cran.

– Le daron s'est cassé, fait-elle d'une voix totalement indifférente. À peine j'étais née, il a vu ma tronche, il a hurlé au secours, trop cheum, cassos, branle-bas de combat.

Bahia est vraiment drôle, je l'imagine parfaitement en plein stand-up à La Nouvelle Seine.

– Mais le lycée... insiste Bégal. Tu y vas tous les jours, tout de même ?

– Moi ? Je serai franche avec vous, non. Une fois par semaine, à peu près. Quand j'arrive à m'extirper de mon plume.

– Pourquoi ?

– Phobie scolaire. J'imagine.

– Et pourquoi ? Tu penses que c'est dû à quoi ?

– Stress. Angoisse. J'sais pas. Quand j'approche de l'établissement, vous pouvez pas savoir, c'est de la magie noire. Je suis vidée, j'ai les jambes qui tremblent, les yeux qui... (elle papillote)... qui voient des trucs chelous. C'est comme si un mauvais génie m'aspirait avec une seringue géante toute mon énergie. De ouf.

– Tu as toujours été très stressée par l'école ?

– Yep. Fallait que je me fixe des objectifs - des super notes. Dix-huit. Et là, je ne les ai plus. Alors ça va plus.

– Quand tu avais dix-huit tu parvenais à y aller... Et maintenant, à douze de moyenne, tu ne peux plus ? répète la docteure Gal.

Haussement d'épaules.

À interpréter certainement comme une approbation.

– Et puis, souffle-t-elle dans un murmure, il y a eu le harcèlement.

– ... ?

– Pendant quatre ans. Les réflexions, les petits regards en coin, les petites chansons quand ils s'approchent de vous. Quatre ans à se faire défoncer parce qu'on n'est pas taillé pareil que la masse. Quatre ans, c'est long.

Bahia cesse de mastiquer.

– Le kif, ça serait de partir loin, loin. Mais loin ! Genre Polynésie. Les Marquises. Ah ouais, les Marquises en Erasmus. Qu'est-ce qu'on pourrait bien étudier ? La pêche au thon ? Ah ah ! Ah non, zut, je risque d'y croiser mon bâtard de père. C'est bien le genre à pêcher la morue.

– Ah mais c'est une excellente idée, approuve Bégal, qui réfrène un éclat de rire. Je parle d'Erasmus. Pas des Marquises.

Elle jette un coup d'œil sur le dossier.

– Tu es en première. Il te reste un an avant un éventuel Erasmus.

La tong fait des loopings autour du gros orteil.

– J'ai réfléchi - ouais, ça m'arrive : je pensais au CNED pour le bac.

Bégal hoche la tête, dubitative, en faisant tourner son stylo entre ses doigts, tandis que le soleil monte encore dans le ciel et illumine le visage tout rond de Bahia.

J'avais déjà perçu dans les consultations précédentes le scepticisme, voire la défiance de la psychiatre vis-à-vis de ces cours par correspondance. Fausse bonne idée : ils encouragent le patient à rester dans sa bulle et, par un

renforcement anxieux, aggravent la déscolarisation. Tout autant qu'ils creusent le manque de confiance en soi. Les devoirs à rendre sont trop nombreux, les cours indigestes.
Bref, on charge le radeau, au risque de le couler.

Bahia s'exaspère. Comment elle peut l'avoir, ce putain de bac, si elle n'est pas au CNED ?
– Ils ne me le fileront pas en candidate libre. Autant ne pas s'inscrire.
Bégal l'observe tranquillement.
– Évidemment, tu vas l'avoir, ce bac, Bahia. Évidemment, tu as repris pied ici, et ça va aller en s'améliorant. Christine l'a confirmé en réunion : Tu as de vraies dispositions et ça se passe très bien avec les enseignants. Non ?
Le regard bleu accroche à nouveau le regard noir. Sans le lâcher.
Je vois la petite flamme se rallumer dans les yeux charbon.
– Ah ouais ? dit Bahia, ah ouais ! OK, alors ouais.

Bégal se lève, signe que l'entretien touche à sa fin.
– La semaine prochaine, rappelle-t-elle, c'est entretien familial. OK ? Mercredi, à 17 heures.
Bahia re-râle, putain de bordel de merde, elle savait bien qu'il y avait ce fucking de gros cumulus à l'horizon.
– Un EF[1], ça gâche la journée.
Son regard balaie le petit placard blanc.

1. Entretien familial.

– Doc, z'avez intérêt à ranger votre bureau, et toutes ces boîtes à thé, là... Elle va criser, ma mère. Elle est control freak, vous la connaissez pas ? Totalement psycho. Et toutes ces sardines, là...

Bégal ne se départ pas de son calme.

– Tu as raison. On triomphe de beaucoup de choses avec l'humour. C'est une sacrée défense, pour toi.

Bahia lance un éclat de rire tonitruant. Tout le monde la croit drôle, alors qu'elle est simplement FOLLE. Mais personne ne le sait. Décidément, vous z'avez rien compris.

Quand elle sort, la docteure Gal prend quelques notes sur son clavier, puis me confie ses craintes :

Bahia a raconté à une aide-soignante s'être inscrite sur un site de « sugar babies » : elle vend ses services à des hommes plus âgés pour financer notamment ses prises de cannabis, ses sorties... Et va savoir si elle ne se prostitue pas occasionnellement au lycée...

Je suis sidérée par cette nouvelle. Ici, en plein cœur de Paris, du Paris plutôt « bien né », on voit passer tous les travers de la société. Bien sûr, je sais que la prostitution lycéenne existe même chez les CSP+ ; que les sites de « sugar babies », qui mettent en relation une étudiante qui ne souhaite pas contracter de prêt et un vieux fortuné, sont légion ; et que souvent, maintenant, ça se passe sur TikTok. Les filles s'échangent des conseils sur ce sujet. Mais Bahia !! Bahia qui chante à tue-tête *La Bombe humaine* ou encore *Cendrillon*, Bahia qui sermonne volontiers les filles sur leurs droits... Bahia qu'on verrait plus volontiers asséner un coup dans les parties d'un frotteur du métro qu'aguicher en robe lamée un quinquagénaire éméché ! C'est oublier que les ados ne ressemblent pas forcément à ce qu'ils donnent à voir. Qu'ils adorent lancer de fausses pistes pour mieux couver leurs secrets.

Bahia, colosse aux pieds d'argile, ou plutôt aux tongs et orteils nacrés.

Bégal poursuit, comme si elle se parlait à elle-même – « Dois-je en parler à la mère ? » car Bahia n'a que 16 ans. Et que, pour cette raison, elle me fait une peur bleue.

Sauf que Bahia a droit au secret... Comme tous les patients.

* * *

Il y a deux jours, la salle Lebovici, derrière l'accueil, a été transformée en mini-amphi. Sujet du jour ? Le secret médical au sein de la famille. Les risques encourus par les médecins sur le plan judiciaire ne sont pas minces. Un sujet bien prise de tête ! lance d'entrée de jeu l'avocate Dominique Attias, flamboyante brune en tailleur rouge coquelicot. La vice-bâtonnière spécialiste du droit des enfants connaît son sujet sur le bout des doigts... Ce jour-là, maître Attias n'a pas mâché ses mots, tout en ne se départant jamais de son humour et de son sourire.

– Je suis là pour vous mettre en garde. Certains médecins se retrouvent condamnés pour rupture du secret médical ; sanctionnés également parce que, dans le cadre des familles séparées et conflictuelles, ils n'ont pas pris soin d'informer les deux parents. C'est arrivé très souvent par exemple pour le Prozac. La mère a donné son accord, mais a oublié d'en informer le père. Qui a fait condamner le médecin.

La question du père, ou plutôt de son absence, si cruciale en ce moment auprès des ados, que ce soit en consultation comme je l'ai vu, en salle d'attente ou maintenant au moment de la prescription, est décidément problématique.

Les questions fusent : que faire quand le père est absent ? que faire quand il a quitté le domicile ? que faire quand « il n'est qu'un spermatozoïde » ? comme le demande une psychiatre, reprenant le mot d'une de ses jeunes patientes. Bref, que faire du père, de son absence, de sa défaillance ? Doit-on lancer un avis de recherche avant de prescrire ? Peut-il rappliquer quinze ans plus tard pour reprocher un traitement ?

Il y a deux jours, j'ai entendu dans cette salle la petite musique grinçante et désagréable de la judiciarisation d'une profession. Et maître Attias d'insister : tous les médecins doivent dès la première consultation s'informer sur la situation familiale - divorce, autorité conjointe ou non... - et photocopier le jugement de divorce.

Ce jour-là, j'ai appris aussi que les adolescents - les mineurs - avaient le droit inaliénable de garder le secret médical sur leur état de santé. IVG, accès de mélancolie, addiction, prise de drogues... voire traitement ou psychothérapie. Qu'il ait 15 ou 17 ans, en vertu de l'article L. 1111-5 du Code de santé publique, l'adolescent peut exiger du médecin qu'il taise son état de santé.

– Si vous enfreignez le Code de santé publique, vous violez le secret professionnel. La règle du secret est ABSOLUE, assure l'avocate. Cela va sans dire que vous devez tenter de raisonner le jeune et lui faire valoir les avantages qu'il aurait à informer ses parents de sa situation. Au médecin de juger du discernement de l'ado en question, et d'essayer de le convaincre d'informer ses parents. Au médecin aussi de déterminer (dans les cas où l'ado refuse), s'il doit passer outre, et prévenir tout de même les parents.

– Oui, mais comment savoir ? demande une psychiatre.

– C'est à vous de savoir, répond l'avocate. En revanche, s'il y a maltraitance envers l'ado, mise en danger, l'enfant ne peut pas, pour protéger son parent, demander au médecin de se taire. Si le médecin décèle le moindre risque de maltraitance, ou de mise en danger, il doit faire un signalement. Sinon, il risque des représailles.

Des murmures accablés grondent dans la salle Lebovici. En tournant la tête, je vois la docteure Gal échanger quelques mots avec une soignante d'un air préoccupé.

Pense-t-elle déjà à Bahia ?

* * *

– Qu'est-ce que vous écrivez comme livres ? demande Zoé.

Je ne l'ai pas vue arriver. Je suis au Club, affalée dans le canapé gris.

Je me tapis ici dès que je peux, transparente, le nez sur mon calepin, ouvrant grand mes oreilles ; je les regarde glisser sur le sol comme des ombres légères, attraper un marqueur pour griffonner un peu de colère, rajouter une pièce au puzzle en passant, se regrouper à deux ou trois, en silence, pour un *Croque-carotte* ou un *UNO*.

Parfois, je sens leur désespoir à fleur de mots ; souvent, je comprends qu'ils jouent pour surtout ne pas penser.

Zoé s'est assise en face de moi, dans son jean moulant blanc qui lui fait des jambes-baguettes. Elle pose un carnet (journal intime ?) sur ses genoux, et je remarque aussitôt sa main recouverte de gaze. Une infirmière me l'a dit, pas plus tard qu'hier :

– Zoé a recommencé à se blesser. Avec un bouchon de stylo. On avait retiré les ciseaux, les barrettes. Mais on n'avait pas pensé aux bouchons de Bic.

C'est le prix à payer, ai-je eu envie de répondre, quand on n'est pas en dictature.

Zoé tortille une mèche d'un air suspicieux, les yeux fixés sur les miens.

– Tiens, regarde.

Je dézippe mon sac à dos, pour en extirper trois livres dont mon dernier roman sur une jeune résistante de 15 ans. Après tout, me dis-je, ils sont en droit de demander à la personne qui tape l'incruste auprès d'eux un spécimen de ce qu'elle écrit. Et l'histoire de cette adolescente rebelle de 15 ans, soumise aux pires privations dans un camp d'internement, n'est pas si absurde dans ce contexte.

D'autres ados arrivent sur ces entrefaites, je me retrouve à improviser ce que nous, auteurs, pratiquons souvent dans les établissements scolaires, une « intervention ».

Livre en main, je raconte l'histoire d'Alice la rebelle, inspirée de Michèle Agniel, qui a convoyé des aviateurs alliés, fabriqué de faux papiers avec sa famille, a vécu pendant l'Occupation, toute cette période de... restrictions... hmm... Je faiblis, tandis qu'une petite voix susurre en moi : « Tu vas vraiment leur parler des tickets de rationnement et des squelettes de Ravensbrück ? »

Ma voix s'éraille, mais devant moi les paires d'yeux brillent d'intérêt.

Je poursuis, raconte les rations de survie à Ravensbrück, le « bouillon d'eau dans lequel flottent quelques fibres de rutabaga à moitié pourri ».

Je n'entendrai aucune remarque. Aucune ironie.

Elles ne se projettent pas à tout bout de champ dans les histoires qui ne sont pas les leurs. Elles sont bien trop intelligentes pour ça.

Je leur parle aussi de ceux de mes livres qui ont trouvé leur public et de ceux qui ont été des ratages. Façon de leur servir la classique leçon de vie : « En cas d'échec, on sort ses rames, on pagaie et on s'extirpe du bourbier. »

Là-dessus, Jade me demande si j'ai pensé à écrire de la dark romance.

– La dark romance ?

– Oui, *Captive*, par exemple. Vous avez lu *Captive* ?

Je vois des yeux et des sourires.

Oui, j'ai entendu parler du roman de *dark romance* de Sarah Rivens ; oui, j'ai vu une file d'attente énorme pour rencontrer l'autrice dans un salon ; oui, j'ai entendu parler de ces histoires de femmes réduites en esclavage, soumises à des actes de barbarie, oui, j'ai entendu lors de mes déplacements des bibliothécaires s'alarmer de l'âge des potentielles lectrices.

Jade a lu *Captive* sur Wattpad, et attendait fébrilement chaque chapitre.

Bahia s'énerve aussitôt. Mais non ! Jade ne peut pas aimer cette daube. Les clichetons en masse, le mec tatoué et méchant, la fille aux formes parfaites, la langue hyper pauvre, le mot « psychopathe » répété cinquante fois.

– Mais c'est DINGUE, poursuit Bahia. La meuf, elle a cent cinquante mots de vocab. Et c'est dangereux. On te fait croire que le mec n'est pas si méchant que ça, alors qu'il brûle la fille, oui, il lui met la main sur une plaque de cuisson. Aaaah !

Jade a les narines fumantes.

– M'agresse pas comme ça, dis donc ! Je lis de la poésie aussi. Et tu l'as lu, toi aussi, non, si t'en parles comme ça ?

Je demande à Bahia ce qu'elle lit, elle me montre son roman en cours, *Amande* un best-seller coréen vendu, précise la couv, à plus de six cent mille exemplaires.

– C'est l'histoire d'un mec qui ressent rien. Tout le monde crève sous ses yeux, et lui : zéro émotion. Sa daronne crève, ça le fait sourire. Le rêve ! *Fun fact*, il a un problème au niveau de l'amande de son cerveau. Mais vous voulez savoir ce que c'est, mon livre préféré ? C'est *Lolita*, de Nabokov. Les histoires de vieux dégueulasses, c'est pas pour me déplaire.

D'autres reconnaissent ne plus lire du tout depuis « la maladie ». Amélie, d'une toute petite voix, parle de son livre préf de toute sa vie, *Notre besoin de consolation est impossible à rassasier*, d'un auteur suédois.

– Il m'a sauvée, dit-elle pudiquement.

Plus elles sont maigres, moins elles lisent.

Pernille ferme les yeux et la bouche, toujours agrippée à la barre de sa sonde.

Daphnis, si mélancolique, a trouvé une bouée dans cette mer agitée, les poèmes d'Emily Dickinson. Et surtout les maths, les maths, les maths, insiste-t-elle.

À chacun son Éden.

On enchaîne rapidement sur les films. Des DVD d'un autre temps rangés scrupuleusement dans l'armoire du Club. L'une d'entre elles ne tarit pas d'éloges sur *Paris, Texas*, de Wim Wenders. Une autre pour *Match Point*, de Woody Allen. Je n'en reviens pas qu'avec nos décennies d'écart on puisse partager les mêmes goûts. Ce sont des cinéphiles averties, des lettrées, qui parlent de voix off, de *plot twist*, de la « nullité d'*Avatar*, au scénar indigent, qui ne vaut que pour ses effets spéciaux et sa technique », de la beauté des films de Truffaut.

– Et si on matait *La Vie de château* ? lance Bahia. J'adore voir les riches en galère se plaindre de pas pouvoir rénover leur toit.

Je ris intérieurement en rangeant mes documents dans mon sac, en songeant à ce grand écart qu'elles opèrent en permanence entre bon et mauvais goût, entre l'autodérision et l'esprit de sérieux, entre l'âge adulte et l'enfance. Hier, avant d'entrer au self, pour le goûter, j'ai surpris Jade en train de faire un jeu de mains avec sa copine Zoé : « Mon père est garde champêtre Filipette, moi je suis son fiston Filippon, quand je casse une assiette Filipette, je reçois du bâton Filipon. »

Tout ça sans la moindre once de second degré. Avec le sérieux de l'enfance.

– Qui est inscrit à l'atelier photo-vidéo ? Bahia, Zoé, Jade, vous venez ?

Jeanne récupère ses ouailles, pour les mener au troisième étage.

Les autres se lèvent pour rejoindre la médiathèque - un des ateliers parmi les plus convoités. Sont-ils, sont-elles, si nombreux à lire ? Je comprendrai rapidement qu'ils s'y rendent surtout pour les écrans.

Et Marie, elle, ne réprimande pas, n'essaie pas de les tirer vers la lecture ; quand elle leur propose un livre ou une BD, c'est toujours en répondant à leur demande. Bref, Marie fait ce que nous, parents, ne faisons pas. Elle ne juge pas, ne se plaint pas (« Encore derrière ton écran. ») Moi aussi j'apprécie la médiathèque, ce décor qui respire, l'aquarium où le poisson lui non plus n'est pas incriminé pour sa paresse ; le choix de livres et de journaux, *Le 1*, *Philosophie Magazine*, *Science et Vie*, le linéaire de poésie, les romans graphiques. Et surtout, important, les fauteuils à haut dossier en toile de jute rouge, dans lesquels les ados se blottissent et disparaissent.

De mon poste d'observation, je verrai la petite Pernille regarder un youtubeur. Toujours le même. Apparemment, vu de loin, ce sont des vidéos qui parlent d'astrophysique, de création du monde céleste. Casque sur les oreilles, dos bien droit, dans son petit pull en mohair, elle se plonge pendant de longues heures sur la formation des planètes. Jusqu'au moment où Marie la médiathécaire annonce la fin de la séance.

L'atelier « arts plastiques » se déroule dans une salle joyeusement foutraque - avec ses affiches d'expos scotchées au mur, son tour de poterie, ses bonshommes articulés en bois, ses feutres, ses marqueurs et pinceaux. Le thème du jour énoncé par Claire, « Petits et grands mensonges », inspire semble-t-il Bahia, Zoé et Jade. Les trois comparses décident de tourner une vidéo façon comédie de Noël, période de l'année où « ça bobarde à donf », d'après Bahia, sur l'existence de tous les pères.

Je les vois s'agiter, éclater de rire,

Le scénario s'articule en trois séquences :

1. Un faux père Noël arrive en costume rouge et barbe blanche, en pleine réunion de famille.
2. Une petite fille doit s'écrier : « Oh ! c'est le père Noël, chouette. »
3. C'est le dévoilement. Le faux père Noël retire sa barbe, et lance : « Eh non, je suis ton VRAI père ! »

Objectif ? Dénoncer un secret de famille.

– On est bien dans le thème, approuve Claire, la meneuse de jeu.

– Moi, je me cosplay en daron, annonce Bahia.

– Moi, en petite fille ! lance Zoé.

– Moi, je filme, conclut Jade, prudemment, apparemment soulagée de rester à l'extérieur du cadre.

Le décor est posé, Bahia dessine des poils de barbe avec un feutre gris sur un masque en carton blanc.

Zoé se coiffe d'une perruque rose fluo dénichée dans le bric-à-brac de Claire. Éclats de rire, de part et d'autre.

– On tourne ! annonce Claire.
– On surjoue, OK ? On surjoue grave.
On regarde la vidéo, qui pourrait être un TikTok, sauf qu'elle ne sortira jamais de l'enceinte de l'hôpital.
– T'as vu cette tête...
– Je suis monstrueuse ! s'esclaffe Bahia
– Mais non, t'es trop belle en daron !
– Un daron trans, yes.
La mini-querelle à propos de la dark romance a vite été enterrée.

En repartant, ce soir-là, dans le hall, alors que le soleil baisse doucement derrière les vitres passées de vert tendre à vert sapin, je vois quelques parents avec leurs enfants.

Simon a posé sa tête sur les genoux de sa mère, et se fait chouchouter comme un bébé. Une femme de haute taille, en pantalon noir à pinces et doudoune, a glissé un bras derrière le dos de sa fille. Bahia laisse reposer sa tête sur l'épaule de sa mère. Quant à Jade, elle est debout et se dandine d'un pied sur l'autre, devant son père, assis sur la banquette blanche.

Pour une fois, personne n'est là pour lui demander de s'asseoir.

5

Apocalypse verte now

« On est grave nostalgiques. »

Jeudi, 9 heures, le Club.

– Je m'appelle Zoé. Ça va.
– Enzo. Dégoûté.
– Jade. Sommeil.
– Bahia. Les montagnes russes.
– Daphnis. Hmmm...
– Pernille. (Secoue la tête : non !)
– Tu n'as pas envie de parler, Pernille ?

Parfois les mots manquent, à tel point qu'on ne peut que secouer la tête.

Juste « non ».

Comme tous les jeudis à 9 heures, le groupe de parole, au Club, commence par un rituel : chaque patient donne son nom et son état d'âme du moment. Soyons clairs : ça ne va pas fort, à 9 heures du mat, quand on a 15 ans.

Face à la professeure Marie-Rose Moro et à la docteure Rahmeth Radjack, les deux animatrices de la séance, ils bâillent à s'en décrocher la mâchoire. Il y a les endormis, les accablés, les « remontés comme des pendules ». Les crêpés, les embrouillés, les cernés, les déjà maquillées-déjà coiffées. Toutes et tous blottis les uns contre les autres, calant leur tête sur l'épaule du voisin. Je pense à ce que l'on m'a dit du « complexe du homard », à l'adolescence. Si les adolescents aiment tant être en groupe, s'ils font corps à ce point, c'est pour reconstituer, chair à chair, dos à dos, cœur à cœur, la carapace dont ils sont privés. Ne plus être à nu. Être plus forts ensemble.

Je reconnais Zoé, son petit visage triangulaire, yeux clos, dans son sweat-shirt rose pâle imprimé d'une silhouette noire flanquée d'un « Badass ». Je reconnais aussi Enzo, les mains sur les cuisses, dans une posture de yogi (qui ne laisse pourtant aucun doute sur son bouillonnement intérieur). Je reconnais Éline, dont le masque bleu se soulève selon un rythme régulier. Aucun doute, elle dort vraiment. Je reconnais la petite Pernille, accrochée au support de sa sonde comme à la barre métallique du métro, qui vacille dans son sommeil.

Pour eux, 9 heures, c'est l'aube. Ils aimeraient être ailleurs, sous la couette, et ils ne se cachent pas pour le dire. Hier, j'ai d'ailleurs entendu Bahia en parler avec Jade :

– Demain, je te jure, je me cache dans le placard. La dernière fois on a fait les mortes jusqu'à ce qu'on nous trouve. Dix minutes de gagnées.

Je croise le regard de Daphnis, ses yeux brûlants de colère, qui me fixent en retour sans aménité. Message implicite : Ne t'avise pas de m'observer.

– Qu'est-ce qui vous a marqués dans l'actualité ? De quoi avez-vous envie de parler ce matin ?

Marie-Rose rit, de sa douce voix.

– Ça va durer combien de temps ? grogne Éline.

– Cinquante-cinq minutes, comme toujours, répond, imperturbable, la professeure Marie-Rose Moro, qui joue peut-être pour eux, le rôle d'une prof principale. Tu commences à avoir l'habitude...

Pour lancer le débat, une boîte à questions a été mise en place, une petite boîte à chaussures noire où les ados glissent au jour le jour les sujets qu'ils souhaitent aborder. Qu'ils soient personnels, psychologiques ou liés à l'actualité.

Aujourd'hui, la main leste de Marie-Rose Moro tombe sur... le prix de l'essence. Éclat de rire.

– Il y a vraiment quelqu'un ici qui souhaite parler de l'inflation ?

Gloussement du côté de Bahia, qui a peut-être glissé ce petit billet-gag dans la boîte.

Elle pioche à nouveau.

– Ah ! le harcèlement sur les réseaux.

– Je préfère le prix de l'essence, bougonne Enzo.

Un ange passe, suivi d'un petit démon à voix flûtée. C'est Jade.

– Sur une vidéo Brut, ils disent qu'il nous reste quatre-vingt-dix secondes avant la fin du monde.

– C'est quoi, l'échelle ? questionne Bahia, totalement réveillée.

– Comment ça ?

– Bah, réfléchis, il y a forcément une échelle de temps. Les quatre-vingt-dix secondes, elles sont passées, banane !

Jade fait la moue.

En tout cas, il y a un net sursaut dans l'assemblée.

– On est en train de foutre le feu. Y a les génocides, les feux de forêt, la guerre en Ukraine, résume Enzo dans un esprit de synthèse mélancolique.

– On en est à la première seconde des quatre-vingt-dix. C'est le début de la fin de l'humanité, annonce Thelma, arrivée la veille après une tentative de suicide au Doliprane.

– Vous n'êtes pas très joyeux ce matin. Votre angoisse porte un nom, ça s'appelle l'éco-anxiété. Maintenant, si on poursuit sur ce sujet, j'aimerais vous entendre proposer des solutions.

Zoé lève une épaule :

– C'est pas à nous, c'est au gouvernement d'agir.

– Bien sûr, mais ça ne t'empêche pas d'agir, toi aussi. L'action nous évite d'être trop anxieux.

– Qu'est-ce qu'on peut faire ?

Une forêt de bras se lève.

Soudain c'est comme s'ils avaient reçu une décharge électrique.

Bahia se lance :

– On peut récolter les mégots. Il y en a je ne sais pas combien sur les trottoirs.

Tous ont des idées. Changer le tarif des billets de train, mettre à l'amende les habitués de l'avion. Des manifs, des manifs, encore des manifs...

– Nous, on n'est pas assez pris au sérieux. La parole des mineurs, c'est peanuts, Greta Thunberg, elle est grave tournée en ridicule. Personne ne nous entend.

– Et ici, on ne trie pas, non ? Ça sert à quoi, si vous le faites pas ?! s'alarme Lucien.

– On y réfléchit, c'est un énorme processus à faire bouger.

– « On y réfléchit ». C'est ça le problème, ronchonne à nouveau Bahia et secouant ses tresses. Tout le monde dit ça, et en attendant c'est nous qui allons morfler. Eh, les gars, lisez le rapport du Giec, on n'a plus que deux ans ! Le point de non-retour, c'est dans deux ans.

Un silence… Pernille, les yeux grands ouverts, se ronge un ongle. Naomi cligne des yeux.

Puis d'autres propositions affluent. Gratuité des transports en commun, alors que le ticket de métro est hors de prix, d'après Enzo ; bouder la viande et la fast fashion, bien que les friperies soient devenues hors de prix.

– C'est la loi du marché, c'est devenu moins cher d'acheter un top Zara tout neuf qu'un T-shirt à la Recyclerie.

– C'est comme la bouffe. Le local, c'est hors de prix.

– Ou alors, reprend Augustine, il faut généraliser les jardins potagers partagés, ça coûte pas trop cher, et ça fait une sortie avec les enfants. Sur les bords de Marne, ça existe déjà.

– Je reviens aux poubelles, moi, reprend Bahia : à l'école elles débordent. On sait plus quoi faire.

– Faut arrêter d'exporter nos déchets ! reprend Naomi. On les fourgue à la Thaïlande.

– Oui tout ça c'est de la faute aux bobos avec leurs caniches, vitupère Bahia. Ils ne ramassent même pas les crottes ! Ouais, c'est une métaphore, c'est vrai. C'est nous qui nous rétamons sur le trottoir, meuf.

Thelma argumente :

– Faut remettre des petits commerces, les boulangers mais aussi les épiciers, les camions des pizzaïolos. Y a plus de vie sans les petits commerces. Moi, ma ville, elle n'est plus la même, y a de plus en plus d'immeubles, y a une Fnac, avant il y avait un libraire. Maintenant y a un Domino's Pizza. Non mais, un Domino's Pizza, c'est immonde. Tu te flingues, quand tu vas au Domino's, non ? Heureusement, il y a les moines.

– Les moines ? interroge Marie-Rose Moro avec un grand sourire.

– Bah oui, l'artisanat monastique. On achète les savons, le miel... la confiture... Au moment de Noël, y a même des petites crèches. Y a des nonnettes, c'est super bon, les nonnettes !

Chanmé... Ça coûte rien. Un truc de moines, quoi. Pour trois balles tu refais ta cuisine. Tout ça chez les moines. Et pourtant je ne crois en rien, tu sais.

– Avant, hasarde Sybille, les camions passaient dans les villages, le charcutier, le boulanger. Même pour les vieux, c'était mieux. Ils étaient moins seuls.

– Ah ouais, comme dans les Playmobil. Le camion du charcutier. Le château de la princesse. Tu vis où, toi, dans quel rêve ?

– Je vous trouve très, très nostalgiques ! interrompt Marie-Rose Moro, en égrenant un petit rire qui pourrait bien être empathique.

– Ben oui, on est grave nostalgiques, on réclame le droit à la nostalgie ! tonne Thelma.

– J'adore ça. Je me shoote à la nostalgie, rigole Éline.

Je les écoute, et je me rappelle à quel point, à n'importe quelle époque, on peut se shooter à la nostalgie. Mais ce jour-là, ils me rendent plutôt mélancoliques. Cette séance collective en dit long. Bien sûr, ils ne sont pas ici pour traiter leur éco-anxiété, mais je me demande à quel point cette préoccupation double, triple, et plus encore, leur mal-être. Ils vivent avec. Ce ne sont plus des *digital natives*, mais des éco-depressifs de naissance. Nés dans la tourmente. Dans l'angoisse d'une planète en train de cramer, jour après jour. Dans l'effroi des chiffres du Giec, des propos de Camille Étienne ou Salomé Saqué.

Dans la grande colère de voir les adultes que nous sommes agir si frileusement pour leur futur.

Je pense à la chanson de Juliette Armanet, que je les ai entendues chanter à tue-tête, dans le couloir.

– « Le dernier jour du disco,/ Et te dire,/ Y a rien de plus beau. »

Si seulement...

– Le temps tourne, on a bientôt fini, il est temps de conclure, annonce Marie-Rose. Vous voyez, on a trouvé des solutions.

– Mouaif, répond Zoé.

Pernille hausse les sourcils.

– C'était bien, ce matin, non ?

– Oui, oui, bien... bien déprimant ! s'esclaffe Bahia.

Tandis que les chaises blanches réintègrent leur place habituelle, autour de la table, Edly appelle au poste de soins certains patients, dont Thelma, à qui on doit poser une sonde.

Pour les autres, direction le prochain atelier qui leur fera oublier peut-être leur angoisse de fin du monde. Bahia poursuit son échange avec Jade sur l'artisanat monastique.

– Oui, sur ma vie, tu trouves de l'herbe, là-bas, aussi, ouais, certains cultivent du cannabis.

– Tu peux pas être un peu moins barrée ? On parle de la fin du monde, là.

Il semble que l'humour de Jade ne franchisse pas le seuil de l'écologie. On peut rire de tout, avec n'importe qui, mais certainement pas de la combustion planétaire.

Plus tard, je me rappellerai son intervention, ses fameuses « Quatre-vingt-dix secondes avant la fin du monde », elle, et ses trente-huit kilos à sauver. Elle et ses cheveux rêches, son teint trop pâle, sa voix fluette comme un petit ruisseau de montagne.

À deux ou trois reprises, alors que, assise dans le canapé, au Club, je suis en train de mettre mes notes au propre, dans le soir tombant, c'est elle encore qui, glissant dans le couloir comme une patineuse, s'arrêtera, pour me lancer de sa voix flûtée ce qui ressemble à une question mais n'en est décidément pas une, « J'éteins la lumière, d'accord ? », me laissant dans le noir.

6

Diaphanes et affamées

> « Il faudrait savoir pourquoi tu cherches à t'effacer à ce point, Kloé. Tu avais ouvert la porte, tu l'as fermée à nouveau. Elle est où, la clé ? »

– Tu dévisses, Kloé. Moins trois kilos en un mois.

Sur son fauteuil de cuir noir, Bégal hoche la tête. Vérifie le chiffre sur la feuille, devant elle. Se passe la main dans les cheveux. Sa ride du lion semble s'être creusée pendant la nuit.

Face à elle, l'adolescente, salopette noire en jean, petite queue-de-cheval noir de jais, yeux en amande, est d'une pâleur effrayante. Visage creusé, cernes bleutés, bras comme des tiges, poignets fragiles comme du verre, elle maugrée, se rencogne vers l'arrière de la chaise, comme si elle cherchait à disparaître.

– On peut parler d'autre chose que de mon poids, ça me gave. L'impression d'entendre ma reum.

Sa voix est aussi fluette que sa silhouette.

– Kloé, avertit Bégal, l'air consterné. Si tu continues, tu files droit vers l'hospit. Tu le sais, hein ?

Oui, oui, oui, Kloé sait. Mais Kloé l'assure, dans un souffle de voix, elle va se reprendre.

Bien sûr qu'elle le sait. Oui, c'est vrai, reconnaît-elle avec une lassitude extrême, les fêtes, ç'a été dur. Elle n'a rien mangé.

Elle tapote du pied contre le barreau de sa chaise.

– Ça me saouuuuuuuuuuuule d'en parler, dit Kloé en faisant traîner la syllabe. Y a d'autres choses à dire, non ?

Comme s'il y avait une autre urgence que la mort qui rôde en elle. Je l'apprendrai un peu plus tard : Kloé est arrivée ici, il y a quelques mois, à vingt-sept kilos. Entre la vie et la mort. Ici, on dit « en état réanimatoire ».

Ce sont ses parents, natifs du Vietnam, qui l'ont accompagnée. Des parents qui, travaillant tous les deux des journées entières dans leur restaurant, n'ont strictement rien vu à la fonte de la jeune fille. Comme très souvent.

Kloé a été prise en charge immédiatement aux urgences, elle était en train de mourir. Grave dépression. Elle est ensuite retournée pour quelques mois au Kremlin-Bicêtre, qui, face à ce cas récalcitrant, a conseillé à la jeune fille de revenir à « la Maison des papillons », pour une prise en charge plus longue. Kloé avait repris un poids à peu près correct à sa sortie, huit mois plus tard. Mais les mauvaises habitudes se sont réinstallées, d'autant plus vite que Kloé ne mange que dans le restaurant de ses parents. Manger est un mot fort : elle y picore trois fois rien une seule fois par jour.

– L'idée, poursuit Bégal, est de comprendre pourquoi tu as baissé tes apports nutritionnels. Y a-t-il un palier qui te fait peur ? Pour l'instant ton IMC est à 14. C'est trop faible. C'est quoi, ton poids idéal ?

– Quarante-deux kilos ?

– Entre quarante-trois et quarante-cinq. Tu en es à trente-cinq.

– As-tu réfléchi à la consultation transculturelle, dont je t'ai parlé ?

Kloé sursaute, s'offusque :

– Ça, c'est non !

– Pourquoi donc ? interroge Bégal. C'est curieux, tu sais, cette force avec laquelle tu refuses... On a de super bons résultats... Tu pourrais juste essayer.

– Perte de temps.

Bégal pianote du bout des doigts sur la table, en ne la quittant pas du regard.

– Je te laisse réfléchir.

– La thérapie transculturelle permet de rabibocher deux sociétés, deux cultures, et de retrouver sa place dans ce monde de fous. Tu ne penses pas que c'est ce qu'il te faut ? C'est une richesse d'avoir deux cultures, France et Vietnam : quelle chance ! Il faut juste apprendre à vivre dans l'entre-deux, avec le bon métissage.

– Sûrement pas.

– Il faut savoir pourquoi tu cherches à... t'effacer comme ça, Kloé. Ce n'est pas anodin. Qu'est-ce qui s'est passé ? Tu avais ouvert la porte, et tu l'as verrouillée de nouveau.

Bégal se penche encore un peu plus vers l'avant, les mains sur les accoudoirs du fauteuil.

– Elle est où, la clé, Kloé ?

– Je l'ai jetée, chuchote l'adolescente.

Croyez-moi, je l'ai entendu. Non pas « Je l'ai perdue », mais « Je l'ai jetée ». Non pas « On me l'a volée », mais cette affirmation d'un acte conscient qui revient à dire : « Je suis enfermée en moi-même et je refuse d'en sortir. Je me revendique comme étant la malheureuse, la tragique, l'insauvable. »

* * *

Les anorexiques sont des paradoxes vivants.

Leur maladie éclate aux yeux de tous, mais elles n'en disent pas un mot. Elles sont maigres mais se jugent énormes. Elles sont jolies, se trouvent immondes.

Elles sont comme des poèmes, donnant à voir la quintessence de leur chagrin, à qui sait lire derrière la peau. On a tant glosé sur ces oxymores : « toxicos du manque », « addiction au rien », « cri muet », « défonce au jeûne »... Aujourd'hui, on sait que c'est vrai. Il y a une addiction à l'anorexie, comme il y en a une à la privation de sommeil.

Une faim de rien. Mais une faim qui brûle, qui dévore les entrailles ; un ventre qui se mange lui-même, de l'intérieur. Ce qui les étouffe, c'est peut-être ces mots qui les saturent, cet indicible si lourd à digérer.

Quel chagrin portent-elles donc ?

Fragiles, vulnérables à tout ce qui se trame, sous leurs yeux, peut-être ont-elles en horreur leur nouveau corps de femme ? Peut-être ont-elles en horreur ce regard qui se pose sur elles, et leur nouvelle féminité ? Peut-être l'ont-elles en horreur, ce regard qui les assigne à être un « corps objet », « à disposition » ? Ces sollicitations constantes dans la rue, dans les espaces publics ? Peut-être comme le suggère la philosophe Camille Froidevaux-Metterie, aspirent-elles à être « *pur corps* », c'est-à-dire « *corps sujet radical* ».

La nourriture est un terrain de lutte. « Mange, disent les mères. Finis ton biberon, termine ton assiette. » Les mères aiment voir leurs enfants dévorer, croquer la vie à pleines dents.

La nourriture est aussi une mainmise sur leurs enfants. À tel point qu'à l'adolescence les filles peuvent sentir, à table, les griffes de la lionne, les tentacules de la pieuvre se refermer sur elles. Ma mère me racontait souvent que, en visite chez les cousines alsaciennes, elle voyait arriver avec une pointe de désespoir « la ronde des desserts », les tartes aux quetsches, kugelopfs, et les gâteaux, aux figues et aux mirabelles. Combien d'enfants se sont forcés, combien d'adultes les ont gavés ? « On était incapables de dire non. On se forçait, et ça se voyait mais on nous regardait manger. »

Je m'interroge tout de même sur cet empressement de certains adultes à nourrir de force les enfants ; à tenir la bride aux plus jeunes, à ne pas respecter leurs désirs, leur corps. Est-ce de la bienveillance ou de la perversité ? C'est en tout cas dresser les premiers barreaux d'une prison dont ils chercheront à s'évader par un contrôle draconien de l'assiette.

Rien n'est simple. La maladie vient peut-être de plus loin encore - des terres arides du transgénérationnel. D'un lieu obscur, où les morts sont tellement morts qu'il n'y a plus que le silence de la tombe, ce silence lourd comme la stèle de marbre gravée, sur laquelle un enfant, un jour, entend quelque chose d'inaudible ; décrypte un deuil impossible, un enfant mort-né, un souvenir de guerre, un génocide... Lola Lafon, dans son livre sur Anne Frank, évoque cette « promesse de fidélité faite à des absents », et peut-être faut-il être romancière pour hasarder des hypothèses en dehors des clous...

Et si ces adolescentes étaient porteuses d'une mission qui les transcende ? D'un message qui, faute d'avoir été transmis par les mots, s'est gravé dans leur chair ?

Plus qu'une dérobade, l'anorexie est une revendication.

Sortir de l'assignation, quelle qu'elle soit. Celle d'être une femme, un enfant de remplacement, un revenant.

Sortir de la prison de chair.

Maigrir au point de disparaître, s'échapper entre deux barreaux.

* * *

Je les ai rencontrées, à la Maison de Solenn, ces jeunes filles qui ressemblent à des petits garçons, avec leur poitrine plate et leurs cheveux courts ; avec leur corps minuscule et leurs ongles majuscules. Elles m'ont rappelé certains personnages de Duras : Lol V. Stein et son corps de soie, ou le petit garçon de *L'Été 80*, celui qui, à l'écart des autres, ne chante pas, ne joue pas, mais arbore un corps fragile, transparent comme du verre.

Kloé est l'une d'entre elles. À cheval entre deux cultures, deux origines, et deux genres. Kloé ne le sait pas, ne se le dit pas, mais elle « souffre de son genre », oscillant entre masculin et féminin, les pieds au-dessus de l'abîme. Bégal me l'a confié après la consultation.

– Kloé nous préoccupe beaucoup. Elle est certes dénutrie. Mais jusqu'où la faire grossir ? Supportera-t-elle d'avoir des seins, des fesses, d'entrer dans le camp des femmes ? Si on la fait trop grossir, trop tôt, avant d'avoir réfléchi à son identité de genre, on risque d'aggraver le mal...

« La maladie », comme on la nomme ici - comme si au fond il n'en existait qu'une -, est complexe, obscure, inexpliquée. Et c'est la raison pour laquelle on leur propose un contournement de leur souffrance.

On ne les pèse pas tous les jours, on ne leur parle pas de calories, on ne les force pas à s'alimenter. Si on leur mettait le nez sur l'assiette, comme du temps de Valérie Valère, on les placerait face à leur chagrin, leur honte, leur dégoût.

On dézoome le problème, on le regarde de biais, en oblique, et de multiples côtés. On le contourne.

Les ateliers dessin, parfum, coiffure sont bénéfiques parce qu'ils participent de cette approche à multiples entrées. Les relations avec les soignants, avec les autres adolescents non anorexiques aussi. Tout est utile, y compris les jeux de société, les rassemblements au Club, les confidences partagées le soir autour de la tisane. Tout est utile... Mais tout est si long.

Longtemps je garderai en mémoire la petite Pernille, arrivée ici en état d'urgence absolue, vingt-sept kilos, accrochée à sa sonde, comme à ce qu'il lui reste de force vitale. Longtemps je me souviendrai d'elle, tel un pastel de Renoir, une ballerine gracieuse, le regard fiévreux, la silhouette aux lignes tremblées, comme si elle avait fini par s'estomper, se flouter. Une danseuse muette, mais clamant sa souffrance. Longtemps je la garderai en mémoire, plongée dans sa grille de mots fléchés Force 3, le crayon noir patinant sur la feuille, en quête de mots, en quête d'un mot.

7

Dîner avec elles

> « Tu prends ce que tu veux, mais je te demande de terminer ton plateau. Sinon, elles ne comprendraient pas. »

Les repas se succèdent et se ressemblent selon un rythme inexorable. 8 h 15, 12 h 15, 16 h 15, 19 h 15. On s'y prépare comme à une évaluation de mathématiques, le cœur en charpie, l'estomac replié comme un origami, la peur dans les yeux.

Ce vendredi, on m'a autorisée pour la première fois à partager leur déjeuner au self.

Rendez-vous au Club, au second étage, où s'effectuent les rassemblements avant de gagner le réfectoire. Et ce n'est pas simple.

Jeanne, l'éducatrice, surgit en compagnie de quelques ados, débusquées dans leur chambre ou dans le couloir - Simon, Daphnis Bahia et Pernille -, précédée de son habituel roulement, avec son sweat-shirt rose bonbon et son air de ballerine épuisée.

Léger moment de panique.

– Et Jade ? Quelqu'un a vu Jade ? interroge Jeanne.

L'adolescente surgit du bout du couloir, l'air maussade, avec en main, un numéro de la revue *XXI* sur l'urgence climatique.

Bahia accueille son amie comme le messie en déclarant haut et fort qu'il y a des frites à midi et qu'elle DOIT se placer à côté d'elle. Soupir de Jade, qui ne prend pas la peine de répondre. Évidemment, à voir sa silhouette, on n'a aucun doute : elle sacrifierait sa portion de frites avec joie si, au moins, elle ne mangeait pas sous le regard des infirmières. Entre les gloutons qui ne rêvent que de gras, et celles qui le fuient comme la peste, il y a un fossé. Un terrain de négociation. Et une vraie tendresse.

Comme tous les jours, une chorégraphie très précise débute.

Les plus menues (Pernille, Kloé, Daphnis, Jade...), cornaquées par Jeanne, montent par l'ascenseur. Jade, l'air de rien, tente de resquiller en rejoignant le groupe de l'escalier, mais est illico rattrapée par Jeanne. Les anorexiques sont des marathoniennes du vide, athlètes comptables de ciseaux par dizaines, de pompes par centaines, adeptes des footings dans le froid, des pérégrinations incessantes. Ça s'appelle des stratégies anti-calories. Les réhabituer à la douceur et au bien-être fait partie intégrante du traitement. Un défi presque impossible.

Arrivés au troisième étage, les ados s'alignent en rang d'oignon, selon un rituel immuable. Les plus fragiles pénètrent les premiers dans le réfectoire, ballet fantomatique d'ados résignés, suivis par les patients un peu moins maigres voire obèses, puis les soignants.

Quand je les vois, toutes minces, délicates, pénétrant comme des ombres dans la salle à manger, pas très souriantes, anxieuses, je pense à une nuée d'oiseaux avançant en pleine tempête, ou de petits soldats bravant la ligne de front.

J'attrape mon plateau de plastique blanc, tandis que Marie-Claire, l'aide-soignante martiniquaise, d'astreinte au self ce jour-là, me glisse à l'oreille :

– Prends ce que tu veux mais finis ton plateau. Il ne faut surtout pas jeter. Elles ne comprendraient pas.

Pendant que ma main hésite à saisir une barquette de carottes râpées, Bahia se retourne, éclate de son rire-grelot :

– Vous déjeunez avec nous ? Sans déc ? Bah, vous allez pleurer votre race.

J'attrape l'absolu minimum sur mon plateau - poisson accompagné de courgettes, portion de camembert et clémentine. Je n'ai pas l'habitude de jeter, mais j'ai prévu chichement, de manière à ne pas en laisser une miette. Au dîner suivant, je serai un peu moins raisonnable, et je me surprendrai à faire glisser dans ma manche une madeleine et une portion de comté avec le sentiment d'être une anorexique en train de resquiller.

La « théra », alias salle à manger thérapeutique, est une pièce d'une trentaine de mètres avec vue sur le boulevard de Port-Royal et trois tables rondes couvertes de Venilia de couleur différente qui rappellent le conte de *Boucle d'or et les trois ours* : la table rouge, on l'a vu, pour les nouveaux venus et les plus rebelles, la table orange pour les ados en progrès, et la table verte, dernière étape avant le self. L'ambiance tendue est tamisée par une déco aérienne et apaisante : sur les murs, une nuée de papillons écarlates, une petite fille accrochée à un bouquet de ballons comme si elle allait s'envoler.

Ce jour-là, personne ne s'assied autour de la table rouge - pas même Pernille, qui rejoint la table orange en poussant son petit chariot. Jade, Zoé, Étienne se regroupent autour de la table verte - chapeautés par Manon l'infirmière aux faux airs de Jodie Foster, bien plus sévère qu'on ne pourrait l'imaginer.

Le menu mentionne cabillaud accompagné de courgettes ou haricots verts ou tagliatelles. Bahia n'a pas tort, on est loin du *Guide Michelin*, mais ça pourrait être pire. Quoi qu'il en soit, un trois étoiles serait traité de la même manière : avec une infinie circonspection.

Pernille affiche un air mi-ennuyé mi-rêveur devant sa demi-assiettée de courgettes et ses deux petits-suisses. Jade laisse filer son regard vers l'horizon, sans aucune considération pour le poisson sans garniture, le yaourt sans sucre et sa pomme au four dans son jus.

Ambiance. L'envolée de papillons ne change pas grand-chose, de même que la musique, que Manon est allée programmer dans le fond de la salle. Apparemment Radiohead n'incite pas à se remplir l'estomac.

Je m'installe à distance, à la table rouge, observant la danse des fourchettes méfiantes, qui tâtonnent, se hasardent, avancent, reculent.

On évalue, on trie, on écarte, on butine, on picore. Picoti, picota. Les résidents sont des oiseaux qui attrapent au vol une miette de pain, un grain de riz ; des coups de bec contre l'assiette, dans l'espoir qu'un cataclysme, une alarme incendie, la fin du monde vienne interrompre le supplice. Car en attendant c'est à eux qu'ils se heurtent, à leurs angles, à leur solitude, à leur désir de mort.

Manon fait la police :

– Jade, tu t'installes correctement. Oui, dans le fond de ta chaise. Je t'ai vue, tu sais.

Je me demande soudain où est le problème, et pourquoi Jade affiche un air coupable. J'apprendrai un peu plus tard que, parmi leurs stratégies affûtées, les anorexiques s'infligent des exercices de gainage, à table, assises sur la pointe de leurs fesses, quand elles ne confectionnent pas de mini-boulettes qu'elles alignent au bord de leur assiette, ou mastiquent et logent dans le creux de leurs joues ce qu'elles tenteront de faire disparaître un peu plus tard, dans leur manche. Je découvrirai aussi que certaines ont la main leste sur les suppléments de vinaigre, de poivre, ou de moutarde, qui font office de diurétiques. Alors, il faut avoir l'œil sur les condiments, l'eau, la nourriture, mais aussi sur tout le reste : couteau, fourchette, bris de verre et autres éventuels ustensiles de scarification.

Les soignants, eux, sont admirables de légèreté. En apparence.

Manon, installée entre Jade, Zoé et Alan, attaque son poisson avec entrain.

– Vous savez ce que j'ai fait, ce week-end ? Des lasagnes.

– Oh tu sais faire des lasagnes ! Tu me montreras ? Tu utilises quelle recette, Marmiton ?

Jade se jette sur la conversation comme la misère sur le monde. Ici, tout ce qui peut détourner de l'assiette est bon à prendre. Et on sait que les anorexiques aiment passionnément la nourriture – à leur manière. Elles aiment en parler, faire rouler les mots dans leur bouche, les mastiquer à leur manière, les transformer en recettes. Elles adorent cuisiner. Pour les autres.

Manon répond, tout en observant du coin de l'œil les laborieuses becquées rejoindre – ou non – la bouche.

Arrivée difficilement au dessert – une pomme au four –, Zoé déclare :

– Oh, mais tu as vu, Jade, c'est du CARAMEL. Tu as mangé du CARAMEL.

Jade pâlit et porte sa main à la bouche.

– C'est pas vrai ???

Manon élève la voix :

– C'est le jus de la pomme, ce n'est pas du caramel.

– C'est sûr ?

Jade est au bord des larmes, et soudain je comprends que l'idée d'avoir pu ingérer une demi-cuillérée de sucre fondu lui est aussi insupportable que s'il s'était agi d'un cafard.

– Zoé, tu trouves ça drôle ? Vraiment ? gronde Manon.

– Oh allez, crise pas, c'était juste pour le fun !

Manon tente de détendre l'atmosphère, bifurque sur les soldes de janvier. Qui va faire du shopping ? Primark, Zara ? Où allez-vous, les filles ? Moi, je n'aime plus du tout Mango.

Évidemment, elle jette un regard aux assiettes, surtout celle de Pernille. L'adolescente affiche un air boudeur et convaincu. Dur.

Échange de regards entre soignants. Dire ? Ne pas dire ? Il est coutume ici, et auprès des anorexiques en général, de ne pas faire d'« histoire » avec la nourriture. Alors, de temps à autre, l'une d'entre les adultes, Nicole, Manon, Marie-Claire, se lève, vient chuchoter un mot à l'oreille de l'ado : « Tu ne veux rien ? » « Tu n'as pas goûté ? » « Tu n'aimes pas ? » Ou simplement sourit, ou pose une main, légère comme un papillon, sur le bras de la jeune fille.

Après les soldes, le maquillage.

Manon, à la table orange, le promet : elle apportera de nouveaux vernis à ongles demain, un vert d'eau, et un kaki. Pernille observe ses ongles à paillettes. Tout est bon pour faire diversion. Dans les consignes destinées aux soignants, il est recommandé de parler d'autre chose que du repas. Bref, ne pas en faire un sujet de conversation. Manon, qui a débuté sur ses lasagnes, s'en est peut-être souvenue...

Je me souviens d'une scène au goûter, il y a deux jours. J'étais assise entre Daphnis la mutique, statufiée devant sa pomme verte (elle n'avait même pas retiré son masque – autant dire qu'elle s'apprêtait à ne pas même la goûter) et Louise la silencieuse, Louise que je n'ai vue en quatre semaines, les yeux au ras de l'assiette, ingérer que des yaourts. Louise qui, becquée après becquée, lentement, douloureusement, portait sa cuiller à la bouche, comme s'il s'était agi d'un haltère de deux kilos. Je n'ai jamais vu quelqu'un manger aussi péniblement. Ce jour-là, en face d'elle, je sirotais mon thé de 16 heures et grignotais un biscuit. Je la regardais du coin de l'œil, en me rappelant ce que l'on m'avait dit : Louise était arrivée ici aussi en « état réanimatoire ». Elle s'était retrouvée sous sonde, en salle à manger thérapeutique. Alors, jour après jour, la voir installée devant son yaourt sans sucre, même si cela me faisait de la peine, était d'après les soignants le signe d'un progrès formidable. Mais hier au goûter, elle n'avait même pas eu la force d'en retirer l'opercule.

Ce vendredi-là, après la pause déjeuner de quarante-cinq minutes, j'ai vu Pernille jeter à la poubelle le contenu quasi intégral de son assiette. Elle n'avait ingurgité qu'un petit-suisse sur deux. Elle est repartie en poussant sa peine, avec ses ongles nacrés et ses trente-deux kilos.

* * *

Les repas, ici, c'est le nerf de la guerre, le dur retour au réel après la poésie des ateliers. C'est la reprise des règles et du cadre. De tout ce que les adolescents ont en horreur.

Aude - la diét, comme on dit ici, la petite quarantaine, une grande femme sympathique, aux cheveux raides comme des baguettes de tambour, auburn, le visage piqueté de taches de rousseur - préside au bon déroulement du repas. Je l'ai déjà croisée dans les couloirs, affairée, toujours à la recherche d'une petite patiente.

Elle me reçoit dans son bureau, attenant au self, une pièce ensoleillée, remplie d'orchidées et de ficus, que le personnel de la Maison de Solenn lui confie, les yeux fermés, « parce qu'ici, ça pousse bien », ajoute-t-elle avec un clin d'œil. Elle se félicite de les avoir, ces plantes, quand les petits patients, rétifs aux confidences sur leur alimentation, quittent leur chaise pour les arroser et en prendre soin.

Les premiers repas qui « sautent » en cas d'anorexie restrictive, raconte Aude, c'est d'abord le goûter, puis le petit déjeuner. Quand les jeunes arrivent, on réintroduit ensemble ces collations – elle insiste sur l'adverbe.

Ce sont les ados, qui choisissent et composent leurs plateaux. Les soignants ne sont là que pour proposer. « Et si on ajoutait un laitage ? Une portion de camembert, ça te plairait ? »

Quand j'évoque innocemment le terme « calorie », Aude sursaute et me reprend comme si j'avais juré. « On ne parle jamais de calories dans mon bureau. On n'est pas des comptables. »

En revanche, pas question de tergiverser sur les consignes. La diét me tend une liasse de trois feuilles : le fameux règlement. J'y découvre « par le menu », si je puis dire, la liste des recommandations aux soignants. Ici la durée des repas est limitée à trente minutes pour le petit déj et le goûter et quarante-cinq minutes pour les « grands repas » (déjeuner et dîner).

Chaque table nécessite la présence d'un soignant, qui doit donner l'exemple en se composant un plateau équilibré. Il surveille les rituels, l'ordre des plats, la prise d'eau (pas plus de trois verres pendant le repas), la station assise (pas de déplacement toléré sauf exception), et surtout vérifier que les « ingesta » (ce qui a été ingéré) correspondent à ce qui est indiqué sur la fiche diététique. C'est précisément ce que j'ai vu, tout à l'heure, avant et après la dépose du plateau. Il y a malgré tout des « comptes » à rendre. Et une discrète vérification de la part des soignants.

Pour le self, c'est un peu moins tendu : on peut, après un bref échange avec un infirmier, troquer un morceau de fromage contre un yaourt par exemple ou, comme j'ai vu Simon le faire, demander du rab de gâteau au chocolat.

Ceux qui s'installent au self le savent : leur ration calorique oscille entre mille huit cents et trois mille par jour. Tout dépend de la pathologie rencontrée. Aude jette un coup d'œil à son téléphone et se lève, affairée : elle n'a pas une minute pour elle, et doit repartir pour voir une petite patiente.

– On voit les résidents entre trois et cinq fois par semaine - même si c'est cinq minutes, c'est important de ne pas les lâcher... Pendant l'hospitalisation, ils ont aussi des ateliers culinaires. De quatre à huit, selon la durée de leur hospitalisation. À partir de 15 ans, ils aiment. Avant, c'est une corvée. Et à la fin, quand ils s'apprêtent à quitter l'hôpital (le visage d'Aude, qui est déjà sur le pas de la porte, s'éclaire alors d'un grand sourire), on les emmène à notre self. Au self des soignants. C'est un grand pas vers la sortie, un grand moment pour nous aussi... »

* * *

L'anorexie, ici on la combat depuis les débuts de la Maison – depuis que le professeur Marcel Rufo et la docteure Corinne Blanchet (nutritionniste et endocrinologue) ont, ensemble, il y a vingt ans, posé la première pierre de ce Paquebot. La Maison des ados était alors essentiellement dédiée à la prise en charge de cette maladie si mystérieuse.

On le sait, l'histoire de la Maison de Solenn est liée au destin malheureux de deux adolescentes : Solenn Poivre d'Arvor et Laurence Chirac, fille de Jacques et Bernadette Chirac – décédée bien plus tard, des suites de cette maladie singulière. Incompréhensible. Comment peut-on avoir peur d'une rondelle de courgette ? « Comment la nourriture pourrait être aussi anxiogène et effrayante qu'une mygale ? » interroge une jeune fille sur une vidéo. Alors oui, je les ai côtoyées, ces adolescentes aux fesses creusées, aux torses plats et aux yeux de biche, étonnant mariage d'ultra-féminité et d'androgynie.

J'ai entendu la haine de leur propre corps.

Dans le hall de la Maison de Solenn, je suis restée en arrêt devant un tableau, une peinture à l'huile, dans les tons bleu, jaune et rose. Sur ce tableau, un torse squelettique, poitrine plate, côtes apparentes, est enchâssé dans un second corps rondelet, courbes sphériques, et seins généreux.

Comme si le premier, le squelettique, était contenu dans l'autre.

Deux interprétations possibles. La première : une mère au second plan, et une fille, au premier, s'observent dans le miroir, la mère enveloppe sa fille. Seconde interprétation : le corps maigre s'hallucine obèse dans le miroir.

Telle est la définition de la dysmorphophobie - la certitude d'être laid. Ou gros. Ou obèse.

Comme si de gracieuses libellules apercevaient dans le miroir un hippopotame lourdaud. L'équation est simple : maigre, je suis normale. Normale, je suis énorme.

Dans le bureau de Bégal, j'ai constaté les ravages de ce mal si particulier, en voyant Aurélia, 17 ans, ravissante petite blonde au corps fluet et aux jambes minces, se plaindre de ses cuisses éléphantesques, de ses fesses énormes, qu'elle attaque au compas ou à la lame de rasoir.

Au Club, un soir, j'ai assisté à une conversation entre deux adolescentes, après le goûter. Il était question de la sonde, qu'on appelait jadis « nutripompe » :

– Tu penses que les calories, elles vont directement dans le cul et les cuisses ? Non, elles vont dans les muscles, elles ne font pas grossir.

– Tu rêves, répondait l'autre. On va prendre des fesses et des cuisses. Et du bide. Si je pouvais faire disparaître tout ça, tout ce gras, ce serait le bonheur.

Elle pointait du doigt ses cuisses décharnées dans son jean. Comment avait-elle pu s'imprimer dans la rétine cette fausse image d'elle-même ? On sait que l'image inconsciente du corps (qui n'a rien à voir avec le schéma corporel) est façonnée à partir de l'estime de soi, du regard bienveillant et de l'amour que l'on a porté sur vous pendant l'enfance ou l'adolescence. Une fille ronde pourra se trouver belle, une fille mince se détester au point de lacérer sa chair à coups de cutter.

Aujourd'hui, les réseaux sociaux, équipés de leurs filtres, vous créent de faux corps, vous arasent les cuisses, vous reformatent la silhouette, vous pulpent les lèvres, exacerbent le mal-être. L'espace d'un instant, d'un vlog ou d'un post, vous êtes Cendrillon sublimée par un coup de baguette de la fée TikTok. Minuit sonne, vous retrouvez vos vieilles chaussettes et votre corps réel - qui vous semble difforme comparé à cet idéal sur écran glacé.

Ces faux mondes prospèrent comme des métastases un peu partout sur le Net, et n'en finissent plus de créer des faux self, faux corps, et vrai désespoir.

8

La grande ivresse

« Au début, tu vis ta meilleure vie.
Ensuite, c'est le cauchemar. »

La docteure Corinne Blanchet, nutritionniste et endocrinologue, est la référente des anorexiques (et des TCA) à la Maison des ados depuis vingt ans. Nous nous rencontrons un mardi, aux abords de l'hôpital Cochin – à l'heure du déjeuner. Interviewer une ponte de l'anorexie entre bobun au bœuf et perles de coco ne manque pas de piquant.

Cette femme blonde d'allure sportive, aux yeux bleu glacier et au verbe précis, dégage une sorte d'autorité naturelle – qui sans doute lui vaut le surnom de « Reine des neiges » ou « Jument » de la part de certains ados.

Elle me raconte : jeune cheffe de clinique à Cochin, elle a été sollicitée lors de la conception du projet en 2000. Elle est partie au Canada pour se former en médecine de l'adolescent avant de revenir boulevard de Port-Royal. Elle assiste à la pose de la première pierre, à la mise à l'eau du Paquebot. Elle voit la Maison évoluer, grandir. Réussir. Aucune anorexique ne pénètre ici sans avoir été vue par elle. Rien n'échappe à son œil de lynx. Elle raconte l'entrée dans la maladie, la lutte forcenée contre la faim, l'ivresse du jeûne qui entraîne ces plongeuses des abîmes toujours plus bas, toujours plus loin - de palier en palier, dans les profondeurs des tombants, jusqu'à la perte de contrôle.

L'ivresse ? Je connais bien. En face d'elle, maniant mes baguettes tout comme elle, plongée dans mon bobun, je tais mes souvenirs. Mais je me souviens de cette adolescente qui, en hypokhâgne, avait réduit sa ration calorique à trois fois rien. Un café sans sucre le matin, un jus de tomate avec sel au céleri à midi, et le soir, l'estomac affamé, réduit (dans mon imagination) à la taille d'une noisette, une cuillérée de petits pois, trois rondelles de courgettes, cinq ou six haricots verts.

Parfois une pomme.

Je me souviens de cette sensation de marcher sur un nuage, et, presque, de voler. Un corps qui cesse d'être une entrave. Un corps plume, qui est ici mais pourrait bien être ailleurs aussi, sur un autre continent, une autre planète - qui pourrait être le corps de quelqu'un d'autre. Oui, un corps qui ne nous engage pas, qui pèse moins qu'une décision, qu'un choix, qu'une vie. Et un cerveau qui turbine plus vite à mesure que l'on maigrit. Le sentiment d'être invincible, plus forte que la dépression, l'insomnie, la faim. Plus forte que l'inquiétude des parents : « C'est tout ce que tu manges ? Mais... regarde tes côtes ! »

Personne pour me gaver de force, personne d'aussi volontaire que moi.

Ç'a duré six mois. Mais il est vrai que ce vertige, cette sensation d'être invincible, plus forte que la mort, je l'ai vraiment expérimentée. Je me tais devant ce médecin spécialiste. Mais je sais à quel point on peut se faire avoir. J'ai repris pied à temps. Comment expliquer ce petit coup de talon, au fond de la piscine, pour remonter chez les vivants ? C'est aussi incompréhensible que de se laisser couler.

J'ai eu de la chance et je l'ai compris, en tendant, il y a quelques jours, une oreille vers les adolescentes, au Club. Zoé écoutait Hannah, une nouvelle venue, parler de sa sœur aînée :

– Maintenant, disait Hannah, mes parents ont le seum car c'est ma sœur qui commence son anorexie. Elle vit sa meilleure vie, en ce moment.

Zoé l'a reprise :

– Donne-lui mon numéro, il faut que je lui parle. Ou bien fais-le meuf ! C'est ta sœur ! Elle doit savoir ce qui l'attend. Au début, c'est sûr, on vit toutes notre meilleure vie. Et puis ensuite c'est le cauchemar.

– À mon avis elle a déjà basculé. T'imagines si on se retrouve toutes les deux à l'hosto ?

Ça leur fera de sacrées économies.

– Non, c'est pas cher, c'est 1 300 euros la semaine mais c'est remboursé.

– Dis-lui que la bonne stratégie, c'est de manger les deux premiers jours. On te lâche la grappe. Et ensuite tu fais ce que tu veux.

Corinne Blanchet m'explique que l'anorexie a littéralement explosé depuis 2020 - de 30 % depuis le début de la pandémie ; elle sévit aussi plus précocement. Il y a de plus en plus d'anorexiques chez les prépubères, dès 11-12 ans... Et les cas sont de plus en plus graves. On voit arriver des formes de « grève de la faim » et de la soif, les ados ne se nourrissant et ne s'hydratant plus du tout. Elles arrivent ici, parfois en état d'urgence vitale, avec idées suicidaires.

– Le plus étonnant est de constater que les effets du confinement perdurent, tant d'années après. C'est comme une bombe à retardement. Cela fait bientôt vingt ans que je suis là... Je n'ai jamais vu ça, insiste Corinne Blanchet. Les séquelles sur l'organisme sont multiples : retard de croissance, ostéoporose, fragilisation du squelette, risque de fracture, fragilisation du foie... Les conséquences sur la vie sociale à long terme sont tout aussi graves. La pathologie s'installe souvent pendant trois à cinq ans, elle est coriace, elle devient chronique dans 20 à 30 % des cas et conduit à la mort dans 10 à 15 % des cas. C'est la maladie psychiatrique la plus mortelle.

Et pour les plus dénutries, comme Pernille, arrivée ici à vingt-cinq kilos, une alimentation par sonde entérale (vingt-quatre heures sur vingt-quatre) ou en complémentation est parfois indispensable. Un pis-aller. Une nécessité. Là encore, Corinne Blanchet le confirme, le nombre d'ados nourris par sonde a considérablement augmenté.

– Il y a vingt ans, les psys considéraient la sonde d'un mauvais œil, comme un geste intrusif. Marcel Rufo me reprochait de trop la prescrire. (Elle éclate de rire.) Il m'appelait « madame Sonde ! » Le jour de son départ, il m'a glissé un mot adorable, me félicitant pour mon travail. En précisant : « Pour la sonde, vous aviez raison. » Les adolescentes n'aiment pas - c'est un euphémisme - l'idée d'être nourries de force. C'est une source d'angoisse, à tel point que parfois il faut leur prescrire un léger anxiolytique pour qu'elles l'acceptent.

Dans *Jours sans faim*, Delphine de Vigan évoque cette angoisse des « calories sournoises » délivrées par la nutrition entérale.

– Ici, quand elles arrivent chez nous, elles ont déjà cheminé. On a une manière de leur présenter la sonde de façon bienveillante. En leur disant : « Ça te donnera un peu de l'énergie dont tu as besoin pour repartir. Ça te permettra de mieux gérer tes émotions, de mieux te concentrer sur ton travail. » Il arrive qu'elles ne la supportent pas ; que, comme Éline l'a fait en arrivant ici à un mètre soixante-treize et trente-huit kilos, elles aillent dans leur chambre pour l'arracher. D'autres entreprennent de vider la « poche » dans les toilettes, la poubelle, les plantes, les vases, leur pull. Toutes rivalisent d'imagination pour barrer la route aux calories. Jusqu'au moment où le cercle vertueux s'enclenche. Jusqu'au moment où elles ont suffisamment de force, et d'énergie, pour voir leur vrai « moi » dans le miroir. Et s'en réjouir.

Comment s'y prend-on pour traiter cette maladie infernale ? On ne sanctionne pas, on ne réprimande pas, on ne culpabilise pas. On fait un pas de côté, on la regarde en oblique, on l'attrape de tous les côtés. Le maître-mot, le remède souverain, c'est la transdisciplinarité. Toutes les adolescentes sont vues par la pédiatre, la pédopsychiatre, la nutritionniste – et quand c'est indiqué par les thérapeutes de la consultation transculturelle.

On souligne trop peu cette originalité. Mais elle est réelle. Ici, c'est un néo-espace, qui réunit endocrino, pédopsy, somaticiens, diététiciennes... L'ado y est regardé dans sa globalité, sous tous les angles. Et toutes les options thérapeutiques sont choisies dans ce croisement des disciplines, cet « au-delà » des frontières ». « C'est unique », s'enorgueillit, avec raison, la docteure Blanchet.

Quant aux ateliers – dont il a déjà été question – fabrication de parfum, cuisine, création d'une émission de radio, quiz musical, ils sont tous destinés à leur faire travailler le « cadre », mais aussi la prise de parole en public, l'estime et même, lâchons le mot, l'amour de soi.

L'une des clés de la guérison, c'est bien cela : l'amour de soi, la réconciliation avec soi-même, loin du diktat de perfection qu'elles se sont fixé. On le sait, les anorexiques sont brillantes, travailleuses, perfectionnistes, elles ne rechignent pas à la tâche, et il faut parfois leur confisquer leurs cahiers et classeurs pour les inciter à goûter à la tendresse de la vie, au repos, au bien-être. Ça n'est pas une mince affaire. Après chaque repas, au moment où elles récupèrent leur téléphone au poste de soins, et entament le prétendu « temps calme » (qui devrait être rebaptisé « temps d'écran »), elles s'ingénient à vadrouiller. Faire les cent pas. Arpenter le Club, les couloirs, les chambres, infatigables marathoniennes.

Je me souviens de ce jour où j'ai accompagné les deux infirmières Manon et Anthéa en « pause clope » à l'extérieur du bâtiment, ce qui nous a obligées à repasser devant le Club.

Manon, née en 1995, l'une des plus jeunes infirmières, est aussi l'une des plus autoritaires. Ce jour-là, j'ai été surprise par son ton sévère.

– Hé, oh, Zoé, qu'est-ce que tu fais, dos au mur, je t'ai vue, tu sais. Assieds-toi correctement. »

Je m'en étonne. Quel est le problème ?

– Quand elles s'asseyent sur les talons, c'est pour se relever encore plus vite dès qu'on a le dos tourné, m'explique Manon.

Rester debout, ouvrir les fenêtres, s'exposer au froid, multiplier les séances d'abdos-fessiers en catimini, s'asseoir sur « le bout du coccyx » dans l'espoir de faire un peu de gainage, lire debout, jouer debout, finir un puzzle en contractant ses abdos, on peut organiser toute sa vie autour de cela : la fonte des calories. C'est une raison de vivre - et c'est celle d'Ellen, alias Lily Collins, dans le film dédié à l'anorexie *To The Bone*. Squelettique, la jeune fille fait des pompes dans son lit au risque de s'abîmer la colonne vertébrale, grimpe les escaliers, vérifie qu'elle parvient à encercler entre le pouce et l'index ce qu'il lui reste de biceps.

Parvient-on à se défaire de cette obsession ?

– On en guérit beaucoup, vous savez, ajoute Manon. Mais le problème est le manque de place. Face à la demande croissante, et au manque criant de lits, on a réduit la durée d'hospitalisation.

Hospitaliser une anorexique pendant quatre mois, ce n'est pas toujours suffisant, mais il faut libérer la place pour une personne plus triste, plus maigre. Cette retraite de quelques mois, dans ce lieu si accueillant, est souvent le premier pas vers la guérison.

Ce vendredi-là, interpellées par Manon, elles ont toutes obtempéré.

Puis se sont rendues aux ateliers sans problème.

En les regardant vivre, pendant ces quatre semaines, j'ai eu l'impression d'assister à l'éclosion d'une génération beaucoup moins rebelle que la mienne. J'avoue m'être posé la question : et si c'était ça, le problème ?

Quand, un peu naïvement, je me suis étonnée de leur docilité auprès de Corinne Blanchet, elle a souri :

– Elles consacrent un temps fou à lutter contre l'assiette. À nourrir la bête. À couver des secrets sans nom. À dégoupiller des grenades contre elles-mêmes. Ce n'est pas ce qu'on peut appeler être « docile »...

9

Un anniversaire

« Au début, tu maîtrises la maladie.
Après, c'est elle qui te domine. »

HAPPY BIRTHDAY

Au « Club », les lettres dorées gonflées à l'hélium dessinent une haie d'honneur, même si le *H* pique du nez vers la gauche :

– C'est l'hôpital qui se barre en couille, glousse Bahia.

Tout a été organisé depuis ce matin. Même le tableau blanc s'est refait une beauté. Nettoyé, astiqué, il s'est transformé au fil des heures en livre d'or grandeur nature. Destinataire : Zoé, 16 ans aujourd'hui.

Un concentré adolescent de pathos, de délicatesse, d'humour, de cynisme ou de pudeur :

« Force à toi », Kloé.

« Une année de plus à voir défiler les fantômes », Daphnis.

« Tu gères, poulette », Éline.

« Plus que quatre-vingts ans à tirer, t'es sur la bonne voie », Bahia.

« Salut ! », Pernille.

Aujourd'hui : jour de fête, sans choré ni paillettes, sans fraises Haribo ni vodka mais avec une bonne dose d'excitation et d'amitié. Depuis quelques jours je les entends comploter, chuchoter, glousser, et s'arrêter pile quand Zoé pointe ses nouvelles mèches de couleur. Un anniv, c'est important. C'est celui d'une des leurs - leur anniversaire à tous, finalement. Chacun pourrait être à la place de Zoé, heureuse et triste à la fois d'être loin de chez elle. On n'est pas si loin de l'enfance et une bougie de plus, ça compte.

Hier soir, Pernille a esquissé un exceptionnel sourire, quand Zoé est venue lui demander ce qu'elle faisait avec ses perles de rocaille : « Un bracelet ? »

Elle a secoué la tête en marmonnant, Zoé est partie en haussant les sourcils - faisant généreusement mine de n'avoir rien compris.

Simon arrive du cours de sport, en nage, ses mèches collées par la sueur. Il n'a rien prévu. Et s'il emballait un DVD, ni vu ni connu ? *Peau d'Âne*, par exemple ?

– Non, en fait, je vais lui donner un de mes T-shirts.

– *Good idea*, mec, franchement, « JUNGLE KING », avec la grosse tête de lion, elle va kiffer, ricane Bahia.

Certains jours, l'hôpital ne ressemble pas à un hôpital ; on n'y parle pas kilos et déprime. Certains jours, quand les ados s'envoient des vannes, ça fait presque plaisir.

– Elle est où ? interroge Éline.

– Dans sa chambre, souffle Jade. Restez là, je vais la chercher. Surtout pas de bruit.

Chacun, retenant son excitation, s'installe dans le canapé, un ballon sur les genoux. On entendrait une mouche voler.

– *My God !!* Mais... *My God !!!* Mais non !

Zoé écarquille les yeux, chancelle, se rattrape à la table et... fond en larmes. De vrais gros sanglots.

Bahia la serre dans ses bras.

– Alors, ma puce, tu tsunamises ! Hé, oh, c'est juste seize ans ! Pas trente, hé ! Tiens, ça, c'est pour toi.

Bahia lui tend triomphalement un sac banane à paillettes, rose et mauve, « acheté la peau du uc hier dans une boutique de la rue Vavin, orgasme pour gosses de bourges ».

Re-pleurs de Zoé.

– C'est mon plus beau cadeau ! J'en rêvais, meuf, j'te jure.

– Attends un peu de voir le gâteau. Il est...

Elle place sa main sur sa bouche, les yeux plissés de bonheur.

Zoé se raidit, brutalement.

– M'en fous, du gâteau...

Les cadeaux des copains, c'est trois fois rien et beaucoup à la fois : un dessin manga de la part d'Éline assorti d'un poème, le bracelet de cheville de Pernille agrémenté de petits cœurs roses translucides, un petit haut au crochet orange et blanc offert par Daphnis, qui me rappelle étrangement nos frusques des années 1970. Et, de la part de Simon, qui a brutalement changé d'idée, un vide-poches confectionné en atelier d'arts plastiques.

Renaud, arrivé ce matin, les mains vides, a une moue gênée :

– Je voulais t'offrir des bonbons, mais...

– Ils veulent qu'on bouffe, les bâtards, maugrée Bahia, mais on peut pas apporter ce qu'on aime.

Jeanne émet un petit rire :

– Bahia, tu exagères. Tu sais bien qu'il y a des règles ici depuis le temps que tu nous fréquentes.

Je me demande si les oreilles des soignants se sont affûtées au fil du temps, au point d'entendre les récriminations quasi muettes des ados.

Bahia lève les sourcils en gloussant, c'est la première fois que je la vois un peu gênée.

– *Sixteen*... fait-elle, rêveusement. Ma mère me dit que c'est le meilleur âge. Qu'elle n'a jamais autant rigolé de sa life.

– Tu vas voir, ça va être ta meilleure année ! renchérit Éline.

– Meufs, déclare Zoé, je vous adore et, je vous jure, c'est le plus beau jour de ma vie. Sur la tête de ma mère.

– Sur la tête de TOUTES les mères, renchérit Bahia.

– Ah non, pas de la mienne, retire ça tout de suite !

Simon a l'air sérieux comme un pape.

Plus elles sont loin, plus on les aime, les mères. C'est ce que j'entendrai, ici, souvent, de la part des parents et des ados : « Nous, nos mères, on les aime... Surtout quand elles ne sont pas là. » « C'est fou comme on s'entend bien depuis que tu es hospitalisée, hein, ma fille !? »

Ce soir, au dîner, Zoé souffle d'un seul coup ses seize bougies, avec force, telle une tornade, comme si la fête lui avait donné une énergie de colosse. Elle sera applaudie, même si sa part de fondant au chocolat reste à s'affaisser dans son assiette.

Après le dîner, pause téléphone au Club. Caroline, l'infirmière d'astreinte pour la nuit, pousse sa petite table à roulettes pleine de portables. Je soupire. J'avais presque oublié que, pendant une heure trente, elles et ils seront rivés à leur écran, sans dire un mot. Et que je n'aurai qu'à me lover sur le canapé, dans mon poste de sentinelle.

Daphnis et Éline, pourtant, me proposent de les rejoindre pour une partie de Uno.

D'autres ont déjà mis leur pyjama et se sont lissé les cheveux - petites filles dociles.

La télé diffuse en continu les infos du jour. Incontestablement, l'après-dîner est nimbé d'une tout autre ambiance, c'est l'heure de la pyjama party, des confidences, des murmures. On baisse la voix, et on ouvre son cœur.

Bahia cherche une partenaire pour une partie d'échecs et tente de convaincre Jade :

– Meuf, je t'assure, tu me remercieras plus tard, faut savoir jouer à ça. T'obtiens ce que tu veux si tu sais dégommer les pions de l'adversaire.

Cocasse de voir cette énergumène, cette grande gueule maniant à merveille le San Antonio, faire l'apologie de la stratégie du jeu d'échecs.

Dans le fond de la pièce, autour de la table, j'entends un léger chuchotement. J'ouvre grand mes oreilles. Le sujet ? Jade a maigri. Jade qui est, tout le monde l'a bien remarqué, beaucoup plus pâle et plus maigre depuis trois ou quatre jours. Jade est, d'après ce que m'a dit la docteure Anne Li, la pédiatre, en panique quand elle approche des quarante kilos. En panique et en dépression. Car oui, celles qui se remettent à manger peuvent soudain perdre l'ivresse, l'exaltation du jeûne. Donc, Jade s'est réaffamée.

Et elle a été remise « sous sonde ». J'avais bien noté le petit serpent de plastique courant à nouveau le long de son oreille. J'avais bien vu son visage renfrogné, ses yeux creux, ses cheveux emmêlés, qui font des nœuds ; cette silhouette statufiée devant son assiette, et cette lutte intérieure dont elles m'ont parlé, entre la voix de la raison (« allez, mange, qu'est-ce que ça te coûte ? Et en plus ça a l'air bon ») et la voix du petit Satan : « Tu vas le regretter, ne leur fais pas ce plaisir. C'est NON. »

Caroline surgit à nouveau pour la « pause tisane », tirant sa petite table roulante, son broc à eau chaude et son choix d'infusions, et les en-cas du soir. Les collations les plus appétissantes sont paradoxalement surtout réservées aux ados en surpoids - pour leur éviter la frustration. Mais évidemment il y a aussi yaourts, petits-suisses ou encore substituts alimentaires pour les anorexiques. Je vois Lise concentrée sur son yaourt nature, déglutissant péniblement de petites cuillérées, je vois Maëlle attaquant son petit-suisse. Mais Jade repousse fermement la proposition du « Clinutren Fruits rouges », ce substitut ultraprotéiné que je pensais jusque-là réservé aux personnes très âgées - voire en fin de vie.

J'assiste alors à une conversation fascinante entre deux anorexiques qui tentent de convaincre la troisième - Jade - de sortir de la spirale infernale. Comme si elles-mêmes se portaient comme un charme.

– Tu devrais le prendre, ce Clinutren. Tu te souviens de ce qu'a dit Blanchet ? « Tu penses contrôler la maladie, et puis vient un jour où la maladie te contrôle. »

Jade ne semble même pas surprise d'entendre des conseils de nutrition de la part de compagnes de jeûne. Elle écoute avec sérieux, tout en touillant son gobelet de tisane mélisse-camomille avec une cuiller bien qu'elle n'y ait évidemment pas ajouté de sucre.

Caroline à côté, le visage qui respire l'empathie, ajoute :

– J'aimerais t'emmener au self des soignants, Jade, tu sais.

– Ton premier goal, c'est de quitter la théra, confirme comme une experte Zoé. Tu vas t'en sortir petit pas par petit pas. D'abord la table verte...

– Puis le self, poursuit Maëlle.

Caroline présente le flacon de Clinutren comme une offrande devant les yeux papillotants de Jade. Une gorgée, semble-t-elle dire. Rien qu'une gorgée. Mais Jade secoue la tête. Et Caroline soupire :

– Qu'est-ce qu'on pourrait bien faire ?

– Il faut que tu te fixes des objectifs, décrète Zoé, en sirotant son breuvage. Moi, par exemple, je sais que quand je sortirai, j'irai manger des sushis avec ma BF (*best friend*).

– Moi, j'irai au Centre Pompidou, sur la terrasse, prendre un mojito. Réfléchis, c'est quoi, ton objectif?

Et de sa toute petite voix, Jade susurre :

– Sortir dans un mois.

Caroline pose sa main sur la sienne :

– Alors, comment tu pourrais faire ? Réfléchis à un plan...

Elle hausse les épaules.

– Tu as un objectif de poids ?

Re-haussement d'épaules.

Je pense à un soignant qui m'a fait part de la situation familiale dysfonctionnelle de Jade. Et ses parents qui ne viennent pas la visiter. Je pense à Bégal qui m'a dit sa préoccupation de voir certains gamins mieux à l'hôpital, n'ayant pas vraiment envie de sortir d'ici... C'est dans les parenthèses que les vérités se font jour ; dans les cuisines que l'on passe les meilleures soirées, dans les couloirs que les secrets de famille éclatent. Dans les « pauses tisane » que l'on parle le plus. Dans ces moments de creux, où l'on est enfin soi-même.

Pas besoin d'atelier pour cela. Pas besoin d'une consultation.

Les soirées m'apporteront ce genre de révélations, ou d'épiphanies. Les ados parlent. Il suffit de disparaître dans son fauteuil, et d'ouvrir les oreilles.

La soirée suivante tourne autour de la sortie de l'hôpital - et de la sortie du symptôme.

Cette fois-ci j'entends parler d'une des angoisses des anorexiques, l'*extreme hunger*.

– C'est quoi, *extreme hunger* ? interroge l'une.

Elles chuchotent mais pas assez pour que leur conversation m'échappe.

– Quand t'es sortie des TCA, meuf, c'est comme si t'avais un trou en plein milieu de toi. Un gap. On a un appétit de ouf, l'impression qu'on ne va jamais s'arrêter. Tu pourrais bouffer n'importe quoi, tu grossis pas. Tu sais, tu perds le contrôle, mais dans l'autre sens.

– Moi, dit une autre, j'ai entendu dire que la première fois que tu remanges soit de la glace, soit du chocolat, enfin un truc comme ça, tu prends l'habitude d'en bouffer tous les jours. En fait c'est assez kiffant, tu grossis pas. Il paraît que ce sont d'abord les organes qui grossissent. Mais si les organes grossissent, ça veut dire que tu grossis en fait, non ? J'ai vu ça sur un site. Une meuf racontait qu'elle terminait les assiettes de tout le monde.

– Putain l'angoisse ! Plutôt crever ! C'est le moment d'aller aux sushis à volonté.

– Ah, ah ! je sais pas vous, mais moi ça me dégoûte.

– Il paraît que t'as besoin de ça pour te réparer, pour guérir. Et il paraît que ça s'arrête tout seul. Ta faim redevient normale, quoi.

– Wesh, trop relou, ce que tu dis.

– Moi, je me méfie de ce qui redevient normal d'un seul coup. La vie, c'est pas comme ça.

– Putain, faites que je sois épargnée par ça, meufs ! Je préfère sortir dignement de cette putain de maladie. Et pas en bâfrant.

Oui, les soirées, décidément, me dis-je, sont propices aux confidences.

Le soir de l'anniversaire de Zoé, Daphnis est venue me voir. Quand j'ai levé les yeux de mon cahier, elle était face à moi, de l'autre côté de la table. La jeune fille la plus mutique, verrouillée à double tour, m'observait en silence. Un peu surprise, je lui ai demandé si cette soirée lui plaisait.

J'avais l'impression qu'un mot allait venir. C'est comme si elle les remâchait, intérieurement. Elle a commencé à me dire qu'elle venait du Kremlin-Bicêtre, qu'elle était là à cause de sa mère, et que...

Et puis, j'ai entendu Ruth, l'infirmière, proposer une visite du salon de musique, au troisième étage. Elle s'y rendait avec Maëlle, pour tester le piano. Je ne pouvais pas rater cette occasion. La salle de musique.

– Tu viens ?

Daphnis a secoué la tête, froncé les sourcils, et à peu près tout ce qu'il y avait à froncer sur son visage.

J'ai eu un moment de doute. Mais je devais voir cette pièce, et écouter Maëlle au piano.

– Je reviens !

Quinze minutes plus tard, après avoir assisté à un magnifique duo musical, entre Maëlle et Ruth ; après avoir contemplé la salle, les percussions, la batterie, la flûte traversière, le piano à queue, je suis retournée au Club et j'ai cherché Daphnis des yeux.

– Tu veux qu'on y retourne ?

Mais l'adolescente a détourné le visage, reverrouillé sa mâchoire et son regard. Le troisième étage, c'était le bout du monde, pour elle.

Un anniversaire

Ç'a été l'un de mes regrets.

L'impression d'avoir raté un rendez-vous.

Le sentiment qu'elle était détentrice de la clé qui m'aurait ouvert la porte d'une forteresse.

10

Naomi ou les attaques au corps

> « Tu te blesses toujours aux cuisses ?
> – À tous les endroits qui me complexent. »

Des valises bringuebalent sur le sol, des sacs s'accumulent dans le hall, la porte s'ouvre.

Des valises roulent en sens inverse, les sacs se hissent sur les épaules, la porte se ferme.

On s'embrasse, on s'étreint, on pleure, on jure de se revoir, tandis que, de l'autre côté, une autre porte s'ouvre, sur une plus triste, une plus mince.

Inspiration, expiration... La maison de Solenn palpite comme un cœur vivant. Ici, le rythme pulse sans jamais s'arrêter. Se succèdent les ados, leurs passions, leurs chagrins, les larmes, les blessures, les espoirs.

Hier, Éline est partie.

Comme tous les jours, je cale ma trottinette derrière l'accueil, je salue Thierry et Madeleine, qui m'accompagne vers l'ascenseur, badge en main. À l'intérieur, une mère et sa fille tirent une énorme valise Delsey bleu marine.

– Nous allons au même endroit, je crois, me sourit la mère, désireuse de faire la conversation.

L'adolescente, masque au niveau du menton, est rousse, cheveux aux épaules, petite frange de clown encadrant des sourcils noirs, et des yeux bleu-vert, protégés par une paire de Ray-Ban dorées. Au vu de sa corpulence - normale - je déduis qu'elle n'est pas anorexique. Sans doute est-elle une « patiente psy » ? À moins qu'elle ne relève de la pédiatrie... Elle me sourit largement, creusant une fossette à droite. Est-elle déscolarisée ? Suicidaire ?

Parfois, plus elles sourient, plus elles vont mal. Je ne sais pas encore, à ce moment-là, que je suis en train de faire connaissance de Naomi, 16 ans et demi, multiscarifiée.

Au deuxième étage, nous nous dirigeons toutes les trois vers le bureau de consultation, où l'infatigable docteure Bégal nous accueille gentiment mais fermement.

– Ah, Naomi, enfin ! Nous t'attendions le 9 janvier.

– J'ai eu un contretemps, bougonne l'adolescente, sans vraiment s'excuser. Elle se débarrasse de sa doudoune noire, et s'assied à côté de sa mère, souriantes et sereines toutes les deux - sérénité que vient immédiatement contredire la trémulation de la jambe droite de Naomi.

Je me cale discrètement sur ma chaise pliante, en face de la jeune interne en psychiatrie, en m'efforçant de me faire oublier.

Clic, clic, clic. Devant son écran, Bégal plisse le front :

– Le 7 décembre, on s'est vues en préadmission. On avait fait l'état des lieux.

Elle se retourne d'un coup de fauteuil pour se retrouver face à l'ado. Avec sa posture habituelle, buste tendu vers l'avant, les yeux bleus plongés dans ceux de sa patiente. Un face-à-face sans échappatoire.

– Naomi, si je synthétise la dernière séance, tu es déscolarisée, tu ne vas plus au lycée depuis quelques mois. On avait noté deux évènements traumatisants dans ta vie...

Naomi hoche la tête.

– Mais, à ta demande on n'en reparlera pas maintenant, d'accord ?

– Oui.

– Aucun problème. Si tu souhaites en discuter à un autre moment, ou avec Léa, ton interne, c'est tout à fait possible...

Clic, clic, clic.

Nouvelle plongée dans les yeux de l'adolescente.

– La dernière fois, tu avais évoqué des relations compliquées avec ton père... Un père très souvent hospitalisé, malade...

Signe affirmatif de l'adolescente.

– Oui, renchérit soudain la mère de Naomi. Son père ne s'intéresse qu'à ses notes - enfin, du moins, il ne lui pose de questions que sur ses résultats scolaires.

– Il aimerait que je reste cloîtrée à la maison, comme une gamine de CM2.

– Tu sors beaucoup, Naomi ?

Haussement d'épaules :

– Le vendredi. Le samedi soir. *Saturday night fever !*

Le sourire de la mère s'est effacé. Elle lâche, comme si les digues avaient sauté.

– Elle fait tous les bars, les discothèques du quartier. Elle ne rentre pas dormir. Ne prévient pas. Elle enchaîne les soirées chez les copains, jusqu'au petit matin. On avait parlé du coma éthylique, vous vous rappelez ? S'il n'y avait que l'alcool... Mais la drogue aussi.

– C'est une blague, mams ? Drogue ? Cannabis, oui !

Bégal lève la main comme signe de paix :

– On en a parlé la dernière fois, de tes sorties, Naomi. Des prises de risque. On a évoqué le fait que tu mets parfois ta vie en danger. Tu es d'accord ?

Soupir agacé de l'adolescente.

Soupir accablé de la mère.

– Tu es toujours au CNED ?

Naomi hausse une épaule.

Bégal écarte son masque bleu comme pour prendre une bouffée d'air.

– Tu sais que, pour nous, le CNED, ce n'est pas une très bonne idée. Ici, il y a des cours, pour vous maintenir à flot. Tu verras, les professeurs sont vraiment compétents et sympas.

Hochement de tête vigoureux de l'adolescente.

– J'aime bien apprendre, moi. C'est le lycée que je déteste.

– Tu as une idée de ce que tu veux faire ?

– J'hésite, entre... commissaire de police et (elle creuse à nouveau sa fossette) pédopsychiatre.

– Dis donc, rit Bégal, flic et psy, ce n'est pas la même chose ! Même si on mène l'enquête, d'une certaine façon.

Commissaire de police... Psy pour ados... Les choix se font rarement par hasard. J'apprendrai un peu plus tard de la bouche même de Naomi qu'elle a vécu l'impensable : une agression collective nocturne, avec tabassage et traumatisme crânien.

– Donc, poursuit la psychiatre, pas de cours... Tu as pu continuer tes activités extrascolaires ?

– Je faisais du karaté, de la danse jazz, de l'escalade, J'ai laissé tomber à peu près tout. Flemme.

Naomi se plie en deux, ouvre la fermeture à glissière de son sac à dos, et en sort trois pelotes.

– Voilà ce que je fais. Activité mamie.

– Tu tricotes ! Tu vas nous faire des chapeaux, des bonnets ?

La jeune fille sort une douzaine de pelotes de laine, qui font un roulé-boulé par terre.

– Faut voir, rit-elle, je me fais payer très cher.

– Bon, tu sais qu'on ne va pas forcément te laisser tes aiguilles... Il va y avoir l'inventaire, et là, notre rôle, et le rôle des aides-soignantes, c'est de supprimer tout ce qui pourrait être dangereux pour toi. Et vraiment, là, on ne fait pas de quartier. Tu vas voir, l'inventaire, ça ne rigole pas. Tu te... fais du mal, toujours ?

– Pas très souvent.

– La dernière fois, tu m'avais parlé de ces coups de colère, et des scarifications, qui prévenaient tes crises de colère ?

– Ça t'aide à gérer la pression ?

– Ça me détend, oui.

– Tu te rappelles quand ça a commencé ?

– La première fois, c'était en cinquième. J'étais super mal. À cause du harcèlement.

La mère lève un doigt comme si elle était en classe.

– En fait, ça prévient aussi ses crises de colère. Ses crises d'angoisse. J'ai remarqué... Non ? Naomi ?

Bégal plisse les yeux, intensément.

– Est-ce que tu dirais que c'est comme une pulsion ? Quand ça t'arrive, tu ne peux pas t'en empêcher ?

Haussement d'épaules.

La mère lève l'index - émouvante.

– J'ai l'impression qu'elle rationalise, qu'elle gère ça très bien, au contraire. En fait... Je peux parler, Naomi ?

– Vas-y, soupire l'adolescente.

– Je me suis rendu compte qu'elle désinfectait avant de se scarifier. Elle a dans sa chambre du coton, et de la lotion. (Sourire un peu triste de la mère.) Elle prévient les infections.

– C'est assez atypique, en effet, souligne la psy.

– Et j'ai de la Cicaplast pour après. Et j'ai ça aussi. (Naomi sort son téléphone et nous montre fièrement une appli, « Self Harm ».) J'entre toutes mes scarifications, et ça me permet de mieux gérer.

– Tu te blesses toujours au même endroit ? Aux cuisses ?

– À tous les endroits qui me complexent. Je me suis aussi scarifiée au visage, quand j'étais petite. On me prenait pour une barrée, enfin je veux dire encore plus que d'habitude, avec ce pansement sur la face. Y a même un mec qui m'a demandé si je m'étais rasée. Un jour on m'a fait un point de suture.

Elle touche sa joue droite, sourit :

– J'ai ma cicatrice... À la Gaspard Ulliel.

Bégal se lève, la consultation a duré une heure quinze. Je me demande comment elle conserve autant d'énergie et de bienveillance après tant de temps passé à prêter ses mots, hasarder des hypothèses, emprunter une nouvelle piste, reculer, recommencer.

– Tu m'as dit la dernière fois que tu ne tenais pas spécialement à avoir une chambre seule ?

– Oui, je préfère être à deux.

Elle réfléchit :

– Je pense que je me ferais moins mal si j'étais avec quelqu'un.

La mère approuve.

– Moi, je serais plus rassurée.

– Eh bien alors tout est parfait ! Bienvenue chez nous, on se voit la semaine prochaine pour un entretien. En attendant, Léa est ton interne, elle viendra te voir. On part donc sur une hospitalisation de dix jours. Bonne installation !

Tandis que Naomi et sa mère quittent le bureau de la docteure Gal pour une dernière embrassade, je ne peux m'empêcher de m'étonner, auprès du médecin, du nombre d'ados scarifiés. La docteure Gal secoue la tête, reconnaissant que ces automutilations sont vraiment l'expression la plus commune et la plus actuelle d'une souffrance psychique. Assumant un jeu de mots un peu facile, on pourrait dire que c'est la plaie. Et la psychiatre de murmurer :

– À ce sujet, Zoé nous inquiète. Elle a subtilisé un couteau au self. Elle s'est ouvert une ancienne blessure. Deux points de suture au poste de soins.

* * *

Au-dessus de la porte de sa chambre, le prénom de Naomi a déjà été inscrit. Je pénètre dans la pièce, à la suite de Norma, une aide-soignante aux cheveux bruns noués en queue-de-cheval. Avec son ensemble bleu marine et ses montures en écaille, elle a de faux airs d'hôtesse de l'air.

– Je vais t'aider à t'installer, Naomi. Ça te va ?

J'observe la chambre : d'une trentaine de mètres carrés environ, elle est équipée de deux lits médicalisés, d'une salle de bains avec douche et toilettes. Je note la belle luminosité, le bureau pour travailler, le grand placard pour ranger les vêtements. Norma, au garde-à-vous, précise qu'elle est là pour réaliser l'inventaire. Faire le tri entre les objets que Naomi sera autorisée à garder et les autres. Car ici, chaque hospitalisation débute par un inventaire extrêmement précis destiné, comme dans un univers carcéral, à écarter toute source potentielle de danger.

Norma soulève la valise.

– Dis donc, tu as emporté ta bibliothèque !

– J'ai embarqué toute ma maison, ouais, sourit Naomi.

L'adolescente se prête de très bonne grâce à ce « rite de passage ».

J'ai l'impression que ça amuse plutôt les adolescents. Y retrouvent-ils le sens des limites qu'ils recherchent tant ? Ici, ils ne transgressent pas les règles, sauf, peut-être, les petites réunions dans les chambres.

Le sevrage du tabac et celui du portable sont plutôt bien tolérés. Et quand l'un d'eux se plaindra de n'avoir que trois heures par jour pour consulter son écran, j'entendrai

Zoé rétorquer « Qu'est-ce que vous avez tous, avec votre portable ? Vous pouvez pas regarder la vie telle qu'elle est ? », et je m'en étonnerai.

– Depuis mon harcèlement, j'ai supprimé les réseaux, me confiera-t-elle. Trop dur. Trop toxique. C'est fini tout ça. J'ai compris d'où venait le mal.

Naomi s'installe au bord du lit, ouvre sa valise. En extrait deux doudous (elle enfouit son visage dans son Niffleur, animal imaginaire sorti de la saga *Harry Potter*) et un clown tout décati, reçu pour son baptême.

– Allez, hop ! tu vides ta vanity ?

– Yep.

Et le contenu de sa trousse de beauté valse sur la couverture rêche du lit.

Norma passe tout au crible de son regard laser. « Je garde, je jette.

– Jeter ?!

– Tu retrouveras tout ça dans ton casier en sortant, t'inquiète pas. »

Exit les flacons de vernis à ongles, le flacon de parfum, le lait démaquillant, le coupe-cuticules, la pince à épiler, le désinfectant.

Norma tapote de ses ongles les divers contenants, écartant d'emblée tout ce qui ressemble à du verre.

– Je te laisse tes faux cils et ton déodorant, parce que la bille est en plastique.

L'étui contenant la cigarette électronique en revanche est placé dans le sac.

– Tu le récupéreras à chaque pause cigarette.

Curieusement, Naomi a plus de peine à se défaire d'un petit vase planté de fleurs artificielles, offert par sa mère avant d'arriver ici.

Les cours du CNED, les aiguilles à tricoter et les pelotes de laine rejoindront le sac siglé AP-HP.

Tout cela sera consigné, puis déposé dans la petite salle au troisième étage, dans le placard aux casiers jaunes. Et même si Naomi le jure, elle ne se scarifiera pas avec ses aiguilles à tricoter, Norma ne l'entend pas de cette oreille. Son tricot attendra les perm, c'est-à-dire les moments où Naomi pourra le faire dans une « pièce sécurisée ».

– Tu apportes ton téléphone au poste de soins, d'accord ?

Naomi fronce les sourcils.

– Et pour ma musique ?

– On ne t'a pas dit ? Tu peux avoir un iPod, avec tes playlists. Mais ton téléphone, avec accès à Internet, c'est deux fois par jour.

L'adolescente grimace.

Si elle a tiré un trait sur ses flacons de vernis, le téléphone en revanche, ça a du mal à passer.

– Tu vas voir, avec Bahia, tu ne vas pas t'ennuyer.

Naomi avance vers la table, et observe les livres : *Le Monde de Sophie*, *Lolita*, de Nabokov, Kae Tempest, *Chair vive*, de Grisélidis Real.

Elle approuve d'un hochement de tête.

– Ah ! j'ai lu tout ça, c'est trop bien. Et la poésie... ! Elle lance un baiser en l'air, du bout de ses doigts.

L'aide-soignante sourit en haussant un sourcil :

– Tu vois, je t'avais bien dit. Allez, je t'emmène au Club. Ah ! au fait, le règlement se trouve scotché sur la porte.

Tandis que Naomi se plonge dans sa lecture, j'ouvre le recueil de Grisélidis Real, à la page cornée :

« Je suis seule
Et j'attends la nuit
Entre les murs vides
Et je pense au lilas
De ce jardin fané

Où chaque matin
Une seule heure durant
Nous buvons le soleil
Toujours chassées sur la gauche
Comme des bêtes enfermées

Au-delà du printemps. »

* * *

SE FAIRE MAL
Écrire/Raturer
Avancer/Rayer
Vivre/Scarifier
Rire/Entailler
Grandir/Disparaître

Ils ont écrit cela sur le tableau blanc.
Comme un jeu d'antonymes. Et au centre, ce mot effrayant, *scarifier*, anagramme de *sacrifier*.
Entailler, zébrer, hachurer...

Les scarifications, on l'a vu, sont devenues l'expression de prédilection de cette génération. Les adolescents sont des « artistes de l'extrême », avec leurs entailles à la Fontana. Des fêlures pour que s'écoule le trop-plein de souffrances. Ces petites brindilles sur leurs bras, leurs jambes, leur ventre ressemblent aux griffures causées par les chats ou que l'on se fait quand, enfant, on court dans les herbes sèches ; sur les bras d'Ariane, de bas en haut, j'ai vu une succession de *psycatrices*, tout le long de son bras, qui m'ont rappelé les petits traits au crayon que l'on griffonne sur une toise.

Mais leur chagrin est sans âge.

Je pense à l'article que j'ai écrit sur le sujet pour *Version Femina*. Nous étions en 2015. À l'époque, le professeur Pommereau, qui dirigeait le centre Abadie de Bordeaux, avait publié *À fleur de peau*. Le praticien m'avait signalé les nombreux cas d'entailles, de zébrures, au compas, à la mine de crayon, au tube de rouge à lèvres, qu'elles camouflaient sous leur sweat-shirt. Deux à trois cas par classe.

J'avoue avoir eu à l'époque du mal à croire le médecin. Depuis, le symptôme est devenu une sorte de drogue.

On l'appelle le « cutting » ou l'AMNS, automutilation non suicidaire. Angelina Jolie, reconnaissant elle aussi avoir eu recours au « cutting », plus jeune, quand elle était perdue. Charlie, l'héroïne du roman *Girl in Pieces*[1], un roman poignant largement consacré aux scarifications, raconte qu'elle se coupe parce qu'elle ne peut faire autrement ; parce que, d'un seul coup, l'océan la submerge.

1. Éd. Anne Carrière, 2023.

Parce que, « quand le sang se met à couler, tout devient plus chaud, plus calme », parce qu'elle a le pouvoir de se « découper en morceaux jusqu'à ce qu'il ne reste plus rien » ; le pouvoir de se « faire plus de mal que le monde ne pourrait [lui] en faire ».

Est-ce une conduite dangereuse dans une société qui se revendique « de risque zéro » ?

Dans les sociétés primitives, comme sur l'île de Pentecôte, les jeunes devaient en présence de leurs aînés, sauter d'une tour en bambou de vingt mètres de haut, attachés à une liane, ancêtre du saut à l'élastique. Aujourd'hui, on ne marche plus sur les braises. Restent alors les automutilations...

Il y a celles qui les camouflent, celles qui les exhibent. À la Maison des adolescents, Mia, brodeuse de l'extrême, comptabilise près de deux cent vingt points de suture. Elle le fait systématiquement avant les consultations. Elle revient sur ses anciennes blessures, provoque de grosses entailles.

Il y a celles qui se blessent le dos de la main, qui s'entaillent le bras, qui se brûlent avec des produits chimiques, qui se grattent jusqu'au sang. D'autres qui « s'attaquent » à leurs cuisses, leurs fesses, parce que, comme Naomi, elles détestent ces parties de leur corps, mais parfois aussi parce qu'elles ont subi des attouchements. Celles qui - comme je l'ai entendu en consultation - se frottaient, toutes petites, de la main contre la table, comme si c'était un doudou.

Entailler, couper… « quand on est dans une sorte de déréalisation, faire couler le sang permet de prendre conscience qu'on existe », m'a dit un soignant. Un peu comme sauter d'une falaise, faire une course en haute altitude, ou marcher sur les braises… La douleur est finalement plus supportable que la souffrance psychique.

Un soir, au Club, au cours d'une des veillées, et avant que ne surgisse la table roulante avec les tisanes, j'entendrai deux adolescentes parler de leurs plaies en chuchotant - comme deux vétéranes d'une guerre sans nom.

– J'en ai cinq à la main, et regarde, dix-huit sur le bras.

– Moi je te les montrerai pas.

– Quand est-ce que ça t'arrive ?

– Quand j'ai envie de chialer, répondra l'autre. Si je pouvais pleurer, je crois que je n'aurais pas besoin de saigner. Mais c'est comme des larmes. Et puis, c'est chaud, c'est rassurant.

11

Quand le bateau prend l'eau

« Vous savez, quand l'air devient irrespirable,
dans *Interstellar* ?
C'est ce qu'on a compris avec le Covid.
C'est pas de la science-fiction. »

Scarifications, anorexies restrictives, bouffées délirantes, refus scolaire anxieux... Les rapports publics se succèdent et se ressemblent. Le dernier document de la Cour des comptes en mars 2023 tire le signal d'alarme sur la santé psychique des jeunes dans les pays de l'OCDE. La prévalence des troubles psychiques infanto-juvénile entre 11 et 18 ans est de 13 % environ, avec un taux important en Amérique du Nord : 16,5 % aux États-Unis, et 19,7 % au Canada. Entre deux rives, au milieu du gué, chahutés par des courants contraires, les adolescents sont d'autant plus vulnérables qu'ils ont la chair à vif. Le fameux complexe du homard[1], tel que l'a décrit Dolto, implique aussi une légèreté, une vulnérabilité sans équivalent dans leur histoire. Et peut-être aussi inédite dans la nôtre.

1. Selon Françoise Dolto, l'adolescent quittant le monde de l'enfance pour rejoindre celui de l'adulte est privé de carapace.

Nous vivons une dépression collective, politique. Nous faisons face à de nouveaux défis, de nouvelles terreurs. Et s'il n'y avait plus une goutte d'eau ? Plus assez d'espace pour accueillir tout le monde ? Et si les typhons, les cyclones, les tsunamis allaient nous emporter ? Les adolescents sont les enfants de l'effondrement et des dystopies vertes. Une génération qui vit avec la crainte de l'asphyxie, les deux pieds de chaque côté d'un abîme qui se creuse. Bien sûr, il y a eu les guerres. Mais la leur est sans fin.

En 2020, la crise sanitaire est venue creuser la faille. Multiplier les troubles. Tout a flambé : les symptômes anxieux et dépressifs, les gestes suicidaires. Et nous, adultes, le nez sur les données biologiques, le virus, la contamination, l'égrenage quotidien du nombre de morts, nous n'avons pas anticipé la déferlante.

À se demander si nous connaissons vraiment bien les adolescents - ceux qu'on a surnommés les « pandemials ». La troisième vague est arrivée comme une gifle. Le virus plus ou moins contrôlé, les jeunes ont disjoncté. Une sorte de super-stress psycho-traumatique, à l'échelle mondiale.

En France, l'enquête EpiCov a souligné cette dégradation pendant la crise sanitaire. La part des ados de plus de 16 ans présentant un syndrome dépressif a doublé entre 2019 et mai 2020, passant de 10,1 % à 22 %. Elle avait déjà été multipliée par deux en l'espace de cinq ans, de 2014 à 2019. Les idées et gestes suicidaires ont, eux, explosé en 2020 (et concernent 5 % des 15-24 ans), avec une intensification début 2021. Et ont commencé à être enregistrés chez les enfants aussi – ce que l'on ne mesurait pas avant. « Depuis la crise sanitaire, on voit des troubles gravissimes chez les 10-11 ans, assure la docteure Gal. Tentatives de suicide au Doliprane, avec réanimation. Il y a des urgences qui nous sont adressées par Necker. En 2021, 84 734 passages aux urgences pour trouble psychique de mineurs ont été dénombrés. Important à l'échelle de la pédopsy. »

Le premier confinement a laissé des traces profondes. La violence de l'impact, ils me l'ont confiée : « Au début, raconte Bahia, on était super contents de ne pas aller à l'école. Eh bien, ç'a été affreux. Sous l'œil de la daronne en permanence. Moi, j'entrais dans ma chambre pour me protéger, et je pleurais. Quand il était temps d'aller à table, je refusais, je prétextais n'importe quoi. L'impression de suffoquer, le temps ne passait pas, jamais. Rien ne passait. L'air était lourd. Tout était supralourd. Envie de me cogner la tête contre les murs pour créer une ouverture. Un mouvement. » « J'ai été super anxieuse, m'a dit Zoé. Je suis restée à la maison, je ne pouvais plus aller à la salle de sports, et là, immédiatement, j'ai tout arrêté. Tout. J'ai eu l'angoisse de devenir énorme. Déjà, avec le sport et un régime, je grossissais. Alors, j'ai décidé de ne plus rien prendre du tout. »

Bien sûr, les ados ont été perdus. Bien sûr, ils n'ont pas pu éponger leurs maux avec leurs pairs. Ils ont dû rester enfermés avec leurs parents. Si on ne savait pas que les relations sociales étaient aussi indispensables pour eux que l'oxygène qu'ils respirent, la crise sanitaire nous l'a confirmé. « Le confinement a été la définition du contraire, c'est l'antonyme de l'adolescence », martèle Marie-Rose Moro.

Au tout début de cet effondrement psychique, une psychologue m'a parlé de ce déni du corps, de l'oubli. Nous avons crié victoire en remplaçant le face-à-face par les visios et les WhatsApp ; ri en organisant des apéros Zoom. On était comme des gamins en train de découvrir un nouveau terrain de jeu, et surtout en train de faire la nique au réel.

Mais que deviennent les corps ? Les corps des ados ? Ils avaient soif de hugs, d'endorphines, d'ocytocine. Aurions-nous oublié que tout passe par notre chair, les chagrins, les joies, l'apprentissage, les déclarations d'amour, les crises de désespoir ?

Nous avons été décorporéisés, aspirés derrière nos écrans, et chez les adolescents le prix à payer a été très lourd. Le fou rire adolescent est incarné par une sculpture dans le hall d'entrée. Le fou rire vrille le corps, électrise les nerfs, explose dans les joues, engage la totalité de l'être. Quand le corps est désengagé, absent, déconnecté, nié, comment rit-on, pleure-t-on, comment vit-on ?

Et nous, adultes, si nous sommes parvenus à mettre le virus sous contrôle, à créer un vaccin, avons-nous vraiment été à la hauteur ? Avons-nous vraiment compris, et même repéré leur détresse ? Christine, responsable de la scolarité, a son avis sur la question : « Je ne suis pas psychologue, mais il est évident que les adultes ont perdu la face. Les ados souffrent de leurs incohérences. Pas de masque ? Des masques ? Une guerre ? Pas de guerre ? Confinement ? Couvre-feu ? Exceptions qui confirment la règle ? La situation non seulement était anxiogène, mais a révélé un monde en plein effondrement - celui des adultes. Jamais ils ne les avaient vus aussi perdus, aussi désorientés. À qui se fier ? »

Nicole, l'aide-soignante camerounaise, venait d'être engagée quand le confinement a été décrété. Elle a, elle aussi, très nettement perçu le déphasage des jeunes : « Pour la première fois ici, à la Maison de Solenn, je les ai vus s'éloigner des adultes référents - soignants, médecins... On les voyait se regrouper, faire masse, au Club, derrière leurs masques. Et faire silence, brutalement, quand ils nous voyaient arriver. Comme si une rupture était consommée. Jamais je n'avais vu ça auparavant. Cette défiance envers les adultes. »

Et si c'était une préfiguration de leur pire cauchemar ? Nous n'avons peut-être pas suffisamment fait le lien entre notre réel et leur angoisse.

Mais Jade, elle, avec toute son acuité, sa sensibilité, sa culture dystopique, m'a mise sur la voie, un jour au Club. « Quand le président Macron a annoncé qu'il fallait choisir son lieu de vie, qu'on n'aurait pas le droit de sortir sans une dérogation, quand j'ai vu la police dans la rue... C'était trop. Bien sûr, que ça nous a angoissés, de ne pas voir nos potes, mais en fait, on parlait avec eux en visio. Moi ce qui m'a angoissée, vous voulez vraiment que je vous dise ? Ça m'a fait imaginer ce qui va arriver, peut-être quand on sera adultes. Ça m'a rappelé le film *Interstellar*, quand le mildiou parasite toutes les plantes. Mais le mildiou, il existe ! C'est un champignon qui pousse à cause de l'agriculture intensive, qui bouffe les plantes alimentaires, le blé, tout ça. Dans le film il ne reste plus que le maïs. Et il y a le problème de l'air, aussi, l'air est contaminé. Pour moi, c'est évident que ça arrivera. Jules Verne, il avait prévu des tas de trucs. *Interstellar*, ça va arriver. Et quand le confinement a été décrété, on était peut-être contents de pas aller à l'école mais en fait c'était l'angoisse. L'angoisse parce que c'était un peu comme dans le film. L'air contaminé. On se disait qu'en respirant on allait tous crever. »

Jade est-elle la seule ? J'en doute. Pourquoi cette crise sanitaire, quelques années plus tard, continue-t-elle à ravager les adolescents ?

« Les ados en détresse questionnent leur propre avenir mais aussi l'avenir en général, constate Marie-Rose Moro. Ils témoignent dans leur chair de cette époque de mutation anthropologique. Ils sont aux premières loges, et ce n'est pas un hasard s'ils ont choisi une jeune adolescente, Greta Thunberg, comme porte-drapeau de leurs revendications. Et de leurs questions : « Comment notre société sera capable de s'adapter face aux enjeux écologiques, démographiques ? » « Je vois les adultes travailler beaucoup – pour quoi ? Pour quel avenir ? Moi, ça me fait peur. À quoi bon tout ça ? » interroge Jade. À partir de l'angoisse pour la planète, de cette « méga éco anxiété », ils traversent une crise métaphysique. La foi en l'avenir s'effondre autant que notre Terre. Trois ans après la crise sanitaire, on ressent encore l'effet boomerang. « Et le plus étonnant, c'est que les adolescents en parlent très peu ! constate la docteure Bégal. En consultation, quand je leur demande de pointer du doigt les moments compliqués de leur existence, ils passent en revue une rupture amoureuse, une dispute avec les parents... Mais jamais ils n'évoquent cette période. C'est moi, qui en parle la première, souvent. »

Revenons aux chiffres... 1,6 million d'adolescents souffrent de troubles psychologiques. Selon la Cour des comptes, si l'on considère que les troubles modérés à sévères relèvent de la prise en charge (contrairement aux anxiétés légères), chaque année, 600 000 à 800 000 adolescents relèveraient d'un traitement intense. Les autres, souffrant d'anxiété plus légère, pourraient être soignés par des psychologues de ville.

Mais où trouver de l'aide ? Qui aller voir ? L'accès aux soins est obscur, et les parents perdus. Les listes d'attente des centres médico-psychologiques (CMP) sont interminables. Les pédopsychiatres sont submergés. Et pour cause : selon le Conseil national de l'ordre des médecins, le nombre de pédopsychiatres a en effet diminué de 34 % entre 2010 et 2022, passant de 3 113 à 2 039, activités libérales et salariées confondues. Au moment même où le mal-être adolescent a flambé.

« Nous sommes victimes du numerus clausus, et par-dessus cette situation déjà difficile est arrivée la crise sanitaire. Il n'en fallait pas plus pour que la pédopsychiatrie soit littéralement exsangue », explique Bégal. Résultat ? Il faut parfois attendre douze à dix-huit mois pour obtenir une prise en charge, ce qui est tout bonnement indigne. Alors que pour les adolescents il faut agir vite. Le plus vite possible.

Bégal me l'a confié dès le premier jour, avec un sourire triste : « Les menaces, le chantage, j'y fais face tous les jours. Des échanges comme cela, j'en ai par dizaines :

“Si vous ne prenez pas ma fille, vous aurez sa mort sur la conscience”, “Vous vous excusez parce que vous n’avez pas de place, mais vos excuses ne vaudront rien quand on le retrouvera la corde au cou”. Nous gérons ça ensemble avec Marie-Rose… je lui transfère immédiatement. Même dans les dîners on n’est pas tranquilles. On nous interroge sur tel ou tel cas : “Mon fils a fait une tentative de suicide, vous en pensez quoi ?” On aurait de quoi bosser H24. Pour le moment les urgences prennent en charge temporairement les cas les plus sévères, et les autres se retrouvent souvent en pédiatrie. Des patients qu’on est obligé de laisser en ambulatoire, traités par les médecins libéraux sans prise en charge spécialisée. Les services pédiatrie regorgent de situations psychiatriques gravissimes. Kremlin-Bicêtre, Créteil… on se croirait revenus aux années 1970, au moment où, la pédopsychiatrie n’existant pas encore, et où on soignait les troubles psy en pédiatrie. »

Que faudrait-il faire ? « Il faudrait beaucoup plus de Maisons des adolescents », insiste Bégal. Beaucoup plus de Maisons de Solenn accueillant ces jeunes de 11 à 25 ans. C’est une des préconisations du rapport de la Cour des comptes. Rappelons que ces Maisons de l’ado ont été créées par une instruction ministérielle de janvier 2005, modifiée par celle du 28 novembre 2016, assurant un accueil généraliste en continu, par des professionnels des domaines sanitaire, médico-social, éducatif, judiciaire… Elles assurent un relais et la mise en réseau des acteurs éducatifs et sociaux. En 2020, les 118 Maisons de l’ado (réparties sur l’ensemble du territoire) ont accueilli

85 000 jeunes. Chaque Maison accompagne en moyenne 750 ados par an. Tout cela a un coût... » Pour 2023, 5,5 millions d'euros de crédits supplémentaires sont prévus.

Face à l'engorgement, des psychiatres prennent les choses en main. En avril 2021, une équipe de psychiatres parisiens a créé une structure d'accueil dans le XXe arrondissement l'ATRAP, « Accueil temporaire rapide ados parisiens », codirigé par la psychiatre Victoire Paillard, qui explique : « On reçoit des patients entre 10 et 15 ans en situation de crise psychique. L'objectif est qu'ils ne se retrouvent pas dans le vide. La prise en charge est exclusivement en ambulatoire. On assure les entretiens, temps de jeux, ateliers créatifs... On évalue les risques suicidaires. On refroidit les situations de crise et on évalue les indications de soin et d'orientation. Et l'on comprend que la prise en charge en ambulatoire, sans les sortir de leur milieu familial et amical, c'est bénéfique. »

Il y a urgence à dupliquer ce genre de structures, non seulement pour aujourd'hui mais pour demain ! Comme l'affirme le professeur David Cohen[1], toutes les études montrent que, quand on s'occupe des ados déprimés, on améliore leur trajectoire, on prévient les troubles adultes. Rappelons les chiffres : 35 % des pathologies psychiatriques adultes commenceraient avant 14 ans, 48 % avant 18 ans et 62,5 % avant 25 ans. « Notre priorité est d'aider le maximum d'ados », conclut-il.

1. « De l'hôpital aux patients : la pédopsychiatrie en crise », « Sous les radars », France Inter, février 2023.

Le nerf de la guerre – l'investissement public – est bien trop faible. Nombre de structures – comme ATRAP, mais aussi la Maison de Solenn – se tournent vers le mécénat. Le professeur David Cohen également : « Ce que le mécénat dit de la santé mentale, c'est que ça fait partie des spécialités vulnérables, au même titre que la gériatrie. Collectivement, on a du mal à dépenser de l'argent pour les personnes vulnérables. Il faut qu'on trouve cet argent privé, car l'État n'est pas seul à mettre 40 millions d'euros. Je participe à un certain nombre d'émissions pour inciter la collectivité à partager nos préoccupations[1]. »

On comprend les parents qui s'estiment bénis des dieux d'avoir été écoutés, entendus par un des experts. Je les ai vus et rencontrés, ces parents au regard, au sourire reconnaissants.

« Ils sont si soulagés de pouvoir se reposer sur l'institution, reconnaît Bégal. Combien de fois ai-je entendu "On vous la laisse, docteure". Mais non, vous ne nous la laissez pas. Ici, ça n'est pas la vraie vie ! Il ne s'agit pas de les abandonner à l'hospitalisation. Ça devient iatrogène. On fabrique de la maladie. Ça existe aussi en psychiatrie. Ils n'arrivent plus à vivre sans l'hôpital – et ce n'est pas un gage de réussite. »

Et puis il faudrait anticiper. Mieux repérer les troubles. Au Danemark, on parle de *gate keepers* : les professionnels doivent garder un œil sur les ados, leurs sourires, savoir décrypter leur détresse, et même lire derrière leurs plaisanteries, avant que ça ne vienne tout éclabousser. Aux

1. *Ibid.*

premières loges, l'école devrait remplir son rôle – sa mission. Aux termes de l'article L. 541-1 du Code de l'éducation, la prévention et le repérage des troubles susceptibles d'entraver les apprentissages, l'éducation à la santé et la promotion de la santé font partie des missions de l'Éducation nationale. Médecins, infirmiers, psychologues scolaires ont un rôle essentiel dans le repérage de ces troubles. Oui, mais... le serpent se mord la queue. Que dire des effectifs trop faibles des médecins, de la quasi-disparition des infirmières scolaires ? On est en train de prendre en compte ce déficit. Le concours de psychologue de l'Éducation nationale verra bientôt ses places augmenter de 20 %.

Sur le tableau blanc du Club, j'ai lu, un matin : « Nous on va peut-être guérir (emoji prière) mais *so what ?* (emoji sourire) le monde, lui, est foutu (emoji pleurs). Tout se carbonise (emoji flammes). »

Existe-t-il un traitement pour soigner les adolescents des dysfonctionnements de la société ? Existe-t-il un antidépresseur pour les aider à supporter l'inaction des adultes face à l'effondrement climatique ?

Et s'ils nous indiquaient quelque chose, à travers leurs souffrances muettes, si c'est nous qui devions les entendre, par-delà leurs enfermements, leur bulle, leur mutisme, leurs grèves forcenées, leur rage sans larmes ? Et si les jeunes hikikomoris reclus chez eux pendant des mois, parfois des années, nous criaient quelque chose dans le silence de leur chambre ?

Je pense à cette punchline du film *Don't Look Up* : « Les ados hurlent en silence. Et nous regardons à côté. »

12

Mauvais rêve…

« Je dois rejoindre un parc plein de fleurs. Et puis un nuage arrive. »

Jeudi, 9 heures, le Club.

– Naomi. Sur les nerfs.
– Zoé. J'ai sommeil.
– Bahia. Ballonnée.
– Daphnis... Rien.
– Simon. J'ai faim.
– Pernille. Très fatiguée.

Comme tous les jeudis matin, ils déclinent leur humeur du moment. Comme tous les jeudis, campés sur le canapé, tassés sur leur chaise, agrippés à leur barre, la tête bien droite sur les épaules, ou renversée vers l'arrière, yeux clos. Comme tous les jeudis matin, ce sont des bâillements, des yeux qui papillotent, des odeurs de draps ensommeillés et de dentifrice. Pernille, vêtue d'un sweat-shirt à capuche « Brooklyn », les cheveux blonds emmêlés, semble un peu plus réveillée que la dernière fois. Agrippée à la barre de sa sonde, elle donne l'impression d'être cahotée dans une rame de métro. Ils sont calmes en apparence, sauf le grondement muet d'une colère prête à exploser ; sauf cette sale humeur à fleur de peau, d'avoir été tirés du lit si tôt pour parler.

Calmes en apparence, de la pointe des cheveux jusqu'aux chevilles. Mais il faut observer leurs baskets.

Je fais cela depuis le premier jour : en consultation, au Club, au self, j'ai le regard rivé au sol, et je les vois, les baskets qui gigotent, qui tapotent, qui forent le sol, qui rongent le pied de la chaise, qui gesticulent, qui trémulent. Qui stationnent. Les pieds pétrifiés, les sneakers en dedans.

Avant de les écouter, il faudrait toujours ausculter leurs pieds.

Face à eux, Marie-Rose Moro tire un petit billet de la boîte à questions.

– Sujet d'actu. « Qu'est-ce qui a retenu votre attention dans l'actualité cette semaine ? »

Jade lève son bras-allumette, et de sa voix flûtée se plaint de la réforme des retraites.

– Vous pensez déjà à la retraite ? s'amuse Marie-Rose Moro.

Bah oui, évidemment qu'ils y a pensent. Ils y pensent pour leurs grands-parents, comme ceux de Simon, morts à 78 ans :

– Vous imaginez ? Ça leur laisse quatorze ans sans travailler. Seulement. Quatorze ans pour vivre.

– La retraite, c'est toute la vie, corrige Cécile. Il faudrait arrêter de travailler autant, pour profiter de la vie, non ? On n'est pas comme au Moyen Âge, où on passait sa vie à transporter des bûches, ou à nettoyer le linge. Ce qui est dingue, c'est qu'on bosse autant. Nous aussi on bosse trop.

– La retraite à 15 ans ! clame Bahia, parfaite cheffe de file, comme si soudain ce sujet les touchait au cœur - au cœur même de la crise du travail.

– On bosse comme des tarés, soupire Naomi.

– Nos darons, c'est la même chose, et nous, on a le temps de rien.

– Grave, approuve Zoé.

Sujet de retraite vite enterré néanmoins, au profit de l'affaire états-unienne du moment : il y a quelques jours, dans une école primaire à Newport News, en Virginie, une instit s'est fait tirer dessus par son élève âgé de 6 ans. Pas franchement étonnant pour Bahia. Banal pour Enzo.

– Wesh, 300 millions d'armes en circulation et on s'étonne de ça ?

La professeure Marie-Rose Moro tique :

– Enfin, il s'agit d'un enfant de 6 ans ! Et tirer sur sa maîtresse. Ça ne vous paraît pas ahurissant ?

– Wesh, quand on y pense. À 6 ans, ça doit sembler super lourd, un flingue.

Et de gloser sur l'incohérence américaine, ces Américains « hyper protecteurs » interdisent l'IVG sous prétexte de défendre la vie, alors qu'ils permettent à leurs gosses de s'entretuer avec des armes à feu.

– C'est cocasse, conclut Cécile (et moi d'être estomaquée par cet adjectif plus tellement employé). Je me demande comment on fait, quand on a 6 ans, pour tirer une balle sur quelqu'un. J'en serais incapable. Je me mettrais à trembler... Comme ça...

– Et moi à tirer à côté.

Jade est devenue livide. Toute pâle et tremblante, elle intervient de sa voix fluette : et si on changeait de sujet de discussion ? De toute façon, on n'y peut rien. Faut tout faire pour que ça n'arrive pas chez nous.

– Oui, c'est entendu, changeons de sujet.

La docteure Rahmeth Radjack allonge le bras pour tirer un nouveau petit billet, qu'elle déplie :

– « Racontez-nous vos rêves ».

– Ah, ça, c'est intéressant, approuve la pédopsychiatre. Qui veut prendre la parole ?

Bahia raconte :

– Dernièrement, j'ai rêvé que j'escaladais la chapelle Sixtine, j'avais mon téléphone à la main, et j'étais en talons aiguilles. Et soudain, hop ! je me réveille. Et vous savez qui était là, à me réveiller ? Sixtine !

– Sixtine ?

– Je veux dire... L'infirmière, Sixtine !

Éclats de rire, Marie-Rose Moro savoure l'association d'idées entre la chapelle et l'infirmière. Les langues se délient, on parle beaucoup de rêves de nourriture. Jade raconte, les yeux grands ouverts que son pire rêve, c'était d'avoir, une nuit, cauchemardé qu'elle était ensevelie sous une vague de ketchup géante. Qui pénétrait dans sa bouche, dans ses yeux.

– Il était bio, au moins ?

Bahia rigole. Et enfourche le dada des cauchemars alimentaires. Un jour, raconte-t-elle, elle a été bombardée de frites qui tombaient du ciel. Des frites géantes ! Il pleuvait des frites comme des sauces, et oh ! dommage, rétorque Enzo, si vous aviez rêvé ensemble Jade et toi, ç'aurait fait un super plat. Pourquoi vous rêvez de ça, vous, alors que moi c'est toujours des rêves chelou ? s'insurge Zoé. Et surtout prémonitoires. Oui, elle a rêvé d'ici, de la Maison de Solenn avant d'y avoir mis un pied.

– Ou plutôt, précise-t-elle, le premier jour, quand je suis arrivée là, en consultation, et qu'on m'a fait visiter, je me suis rendu compte que j'avais déjà rêvé de cet hôpital. Que je le connaissais. C'est bizarre, non ? Trop chelou.

– C'est parce que t'avais regardé sur Internet, avant, non ?

– C'est parce que tu l'as rêvé dans une vie antérieure, conclut Jade, avec conviction. C'est sûr ça.

– Quelqu'un d'autre aimerait partager son rêve ?

– Alors moi, annonce Simon, je rêve plutôt de films d'horreur, genre morts-vivants, je rêve que j'ai été enterré vivant. Un jour, j'ai disparu dans des sables mouvants. Dès que je regarde un film d'horreur, ensuite je rêve de ça.

– Alors, arrête de regarder des films d'horreur, mec, prescrit Bahia, pragmatique.

– Bah non, j'aime ça.

– Alors te plains pas.

– Je me plains pas.

Un ange passe. Marie-Rose Moro passe la main dans ses boucles et demande si quelqu'un d'autre souhaite encore partager son rêve - « Et on n'est pas obligé de parler de films d'horreur », ajoute-t-elle. C'est alors qu'il se passe un miracle ou presque.

Pernille la silencieuse, la mutique, coléreuse à l'intérieur, Pernille la tourmentée lève son bras-allumette.

Silence.

– Oui, Pernille ?

– La nuit dernière, annonce l'adolescente, j'ai rêvé que j'étais un papillon. Je devais rejoindre un parc, plein de fleurs, on était plusieurs. Et puis, un nuage arrive et m'empêche de suivre les autres, je ne les trouve plus. Je ne les vois plus, je ne peux plus les suivre. Et je me retrouve sur le trottoir.

– Trop chelou ! ton rêve.

Pernille hausse ses frêles épaules.

– C'est comme ça. C'est mon rêve. Un papillon sur le bitume.

– Faut juste que tu rejoignes les fleurs, sinon tu ne pourras pas butiner.

– Rejoindre les fleurs... sourit Marie-Rose Moro. Oui, c'est un bel objectif : rejoindre le champ de fleurs. Je pense qu'on va conclure sur cette note.

Il est 9 h 55, Edly arrive, oriente les ados vers leurs ateliers respectifs ou leur cours.

Dans le fond de la pièce, je vois Zoé virevolter sur ses baskets, fureter dans la boîte du puzzle *La Liberté guidant le peuple*. Je suis impressionnée de voir une adolescente du XXIe siècle s'adonner à ce loisir un peu vintage, que je pensais simplement réduit à l'état de décoration ici.

Elle brandit une pièce de couleur rouge, et l'accroche au drapeau français

– YESS.

Elle poursuit sa petite ronde autour de la table, picore des pièces, tente un emboîtage qui ne fonctionne pas.

– Tu ne veux pas t'asseoir, Zoé ?

Charles, l'infirmier dédié aux ateliers thérapeutiques, tente de la calmer.

– Non fait Zoé, boudeuse. J'aime bien les puzzles debout. Qu'est-ce que ça change ? Je DÉTESTE m'asseoir.

La magie a cessé d'opérer. Adieu Delacroix, adieu *La Liberté guidant le peuple*, c'est l'heure du cours d'espagnol, au troisième étage.

13

Chagrins d'école

> « Au fond de moi, une petite voix me persécute : révise, révise encore, sinon demain tu n'auras que 16/20. »

Devant le portail du lycée, ils ont des pieds de plomb, des sueurs froides, les genoux qui tremblent, envie de vomir et de mourir. Certains ont une torpille dans le crâne, dans le ventre, une cocotte-minute au niveau du cœur ; d'autres ne bougent pas d'un cil, paralysés.

Comme s'ils avaient laissé leur vrai « moi » à l'extérieur du collège.

Le terme « refus scolaire anxieux », qui a succédé au plus direct « phobie scolaire », ne donne sans doute pas la pleine mesure de ce que vivent ces collégiens ou lycéens. Certains sont en miettes, pulvérisés par leur chagrin d'école.

À la Maison de Solenn, on appelle ces adolescents des « désco », comme « déscolarisés ».

Si le désamour scolaire a débuté avant le confinement, ce dernier n'a rien arrangé. L'interdiction de sortir – donc d'aller en cours, cette incroyable et surréaliste injonction de sécher les cours – formulée au plus haut niveau de l'État, certains s'en sont emparés pour en quelque sorte « légitimer » leur mal.

Comment retourner au lycée, l'école est-elle toujours adaptée au XXIe siècle ?

Comment investir un avenir ruiné par la crise climatique et le chômage ? Comment résister face à la pression des adultes ? Et comment investir l'école, comment écouter des enseignants que les parents ne cautionnent plus ?

Cela fait des années que sociologues, psys et journalistes repèrent cette tendance de fond. Cela fait des années que tout le monde tire le signal d'alarme. En 2002, il y a donc plus de vingt ans, une pédopsychiatre, Gisèle George, avait jeté un pavé dans la mare en publiant *Ces enfants malades du stress*. Je me souviens, à l'époque, de l'étonnement suscité par ce livre.

Aujourd'hui la « peur » de l'école s'est installée, avec tout ce qu'elle charrie derrière elle : peur de rater, peur de louper le coche, peur de ne pas savoir choisir, peur de décevoir ses parents, peur d'être viré de Parcoursup, peur des évaluations, peur de n'être « rien » tout simplement. Peur d'un effondrement, là encore.

Nous passons notre temps, nous, adultes, à leur rabâcher qu'ils doivent réussir, mais à leur répéter aussi que l'échec est le moteur de la réussite ; qu'il est normal de tâtonner, trébucher, glisser, et se reprendre. À leur dire qu'il faut remonter en selle après une chute de vélo ou que Rome ne s'est pas faite en un jour. Inconscients de notre incohérence, nous leur serinons : Tu PEUX échouer, mais tu DOIS réussir, tu as le temps, mais tu DOIS choisir.

Face à cette situation paradoxale, certains adolescents développent une pathologie de la perfection, appelons-la « syndrome d'Hermione ». Ils veulent à tout prix entrer à Gryffondor. Je les ai vues en consultation, ces adolescentes d'à peine quarante kilos, qui, tout comme Zoé, refusaient de lâcher leur lycée d'excellence. Les anorexiques, affamées de bonnes notes, sont plus que quiconque victimes de cet hyper-perfectionnisme. Jusqu'au moment où elles tombent pour de bon. Sans avoir trébuché ni montré le moindre signe de faiblesse.

Sybille a 15 ans et demi. Elle porte un jean bleu navy et un sweat-shirt vert pomme, sur lequel se détache sa masse de longs cheveux noirs jusqu'au bas des reins. Elle est mince sans être maigre ; elle n'a pas l'air désespérée, et affiche même un sourire radieux ce mardi matin, quand je fais sa rencontre au Club. Elle est assise sagement sur le canapé, jambes croisées, plongée dans un livre, ses yeux en amande derrière des lunettes couleur écaille.

Je me présente aussitôt, et je raconte mon projet de livre.

– Oh ! je l'achèterai, j'ai hâte de le lire !

Sybille est rose à l'extérieur, noire au-dedans. Aimable, souriante, mais désespérée.

Pour l'instant, je me demande vraiment ce qu'elle fait là, sans la maigreur, sans la sonde, sans la tristesse, sans le mutisme. Quand elle me montre la couverture de son livre,

Bérénice, de Racine, aux éditions Garnier-Flammarion, et je constate qu'elle a les ongles rongés jusqu'aux lunules.

– Tu parviens à lire ici ?

Elle hausse les épaules, me répond, avec un sourire triste que la difficulté pour elle serait plutôt de *ne pas lire.*

Sybille est en burn out scolaire. Malade de ses notes. Comment pourrait-on dire ? Pathologie de l'évaluation ? Addiction aux scores ? Addict aux 20/20 ? Cela pourrait prêter à sourire, qu'est-ce donc que cette maladie de petite-bourgeoise ; cela pourrait prêter à ricaner. Sauf que Sybille n'en peut plus.

– Mon problème, raconte-t-elle, c'est de brûler mes cartouches dès le premier trimestre. J'ai tout donné, je travaille tout le temps, en mangeant, en goûtant, en parlant au téléphone, aux toilettes. Quand je sors, pour me promener, j'écoute mes cours que j'ai préalablement enregistrés. Ou des podcasts. Je dors trois heures par nuit, je suis dans une spirale infernale.

Sybille avoue qu'elle s'est déjà scarifiée pour un quatorze au lieu d'un dix-neuf escompté. Et que, oui, elle a déjà pensé à se supprimer. Pour cesser de souffrir. Arrêter de courir.

– Toute petite, me raconte-t-elle, j'ai su comment faire naître le « bon regard » sur moi. Celui des profs, celui de mes parents. Un mélange d'admiration, de fierté, de « waouh ! ». Déclencher le bon sourire. Le garder, coûte que coûte. Il fallait être première de la classe. Première en escrime, douée en dessin. Il fallait le rester, surtout. Et ça, au fil des années, ç'a été l'angoisse. Être détrônée de ma place, n'être plus rien. Parfois on me taquinait,

« Attention, Sybille, unetelle va prendre ta place », et ça ne me faisait pas rire, moi.

Ce que l'ado me confie, au bord des larmes, c'est une forme d'addiction.

À ma question un rien maladroite « D'où vient ce perfectionnisme, et tes parents sont-ils exigeants ? », elle répond qu'ils sont adorables :

– Ils se fichent bien de mes notes. Ma mère est chercheuse en maths, mon père travaille chez Renault. Mais ils n'exigent rien de moi. Ils aimeraient que j'aille mieux. Moi, je ne résiste pas à l'engrenage. Je bosse tout le temps. Je m'oblige parfois à faire une pause, mais c'est plus fort que moi. Oui, je sors, mais jusqu'à une certaine heure. Je bois peu pour être d'attaque le lendemain. Même si j'ai déjà fait un coma éthylique, un soir, où je me suis obligée à boire comme les autres. Faire semblant d'être comme eux. Ce qui m'ennuie, c'est qu'on commence à me juger. J'ai surpris une conversation entre d'anciens amis : ils me trouvaient fade. Et ils ont raison. Je les trouve tous plus intéressants que moi. Il y a une fille dans ma classe qui est engagée dans l'écologie, le féminisme, grande gueule, elle est tellement plus intelligente que moi ! Car moi je ne le suis pas. Je suis vide. Je n'ai aucune personnalité. Je n'ai aucune idée personnelle, je me fonds dans la masse, je n'existe pas. Et plus je travaille moins j'ai du temps pour développer ma personnalité. Je suis au bout de ma vie.

Sybille raconte une course éperdue en avant :

– Pour l'instant, je suis... persécutée. Oui, persécutée. J'ai une voix qui me dit « Repose-toi », et une autre, plus forte encore « Révise, sinon demain tu auras seize. Et tu seras déçue. » Le pire c'est que j'ai honte. Honte d'avoir honte. Honte de ça. Alors oui, je suis ici pour me calmer. Apprendre à avoir une relation saine avec mes notes. À être moins dépendante du « bon regard ».

Je m'apprête à lui répondre quelque chose d'un peu banal, du style : « Il m'arrive d'avoir des livres qui ne marchent pas, qui sont même des loupés, mais ça n'empêche pas de vivre, bien au contraire, ça stimule pour inventer d'autres pistes. » Mais Jeanne arrive :

– Sybille, tu fais quoi ce matin ?

– Ciné-philo, répond la jeune fille.

On ne se refait pas.

Qu'il y ait surinvestissement, désinvestissement, désamour, les chagrins d'école sont pris en compte à la Maison de Solenn. Mais ils ne sont pas la cause première d'une hospitalisation. La désco est la plupart du temps secondaire – tant il est difficile d'investir les apprentissages, quand on a la boule au ventre.

La bonne fée de cette reconnexion à l'école, ou du moins au plaisir d'apprendre, s'appelle Christine. Professeure de lettres classiques, cette brune solide, énergique, pleine d'humour, à l'œil espiègle, est coordinatrice des études à la Maison de Solenn. Elle dirige d'une main de maître l'aréopage d'enseignants qui assurent bénévolement les cours auprès des ados. Je la retrouve à l'accueil. Il y a des êtres qui inspirent confiance au premier regard – elle en fait partie. Christine a immédiatement accepté le défi. « J'ai enseigné pendant trente-huit ans, puis j'ai rejoint la

Maison de Solenn. On m'a confié ensuite la coordination des études. Je prêche pour une école plus humaine, qui intègre la vulnérabilité. »

Brune, grande et solide, vêtue d'un jean et d'un pull marine, campée dans ses bottes, Christine me propose de l'accompagner dans ses rendez-vous tout au long de l'après-midi. Je la rejoins dans son bureau, au troisième étage, juste à côté de la médiathèque, et je m'assieds sur la chaise qu'elle me tend, juste à côté d'elle.

Céleste est la première à entrer. Longue, fine, aérienne, un regard azur totalement absent, elle s'assied à peine sur les fesses, en face de nous. Céleste ne se rend plus en cours depuis six mois. Ce n'est pas faute d'avoir été une excellente élève.

Christine sourit à l'adolescente, compulse le débrief de l'enseignante qui lui a donné un cours ce matin.

– Bravo pour ce matin, tu as très bien lu, semble-t-il, en espagnol. Ton enseignante était très contente de toi. Est-ce que ç'a été ?

Céleste se tord les mains. Reconnaît qu'elle a pleuré avant d'entrer dans la salle. Qu'elle a eu des bouffées d'angoisse en cours, que tout était très compliqué. Qu'elle a cru étouffer.

– Oui, mais tu as réussi. (Christine compulse ses notes.) Tu es impressionnante en mathématiques, tu le savais, j'imagine.

Christine évoque la solution du soins-études, à la clinique Dupré, en région parisienne ou à Georges-Heuyer. Céleste fait la grimace. Comme pour Zoé, ça n'a pas l'air de lui faire plaisir. « Soins-études », ça sonne sans doute un peu « seconde zone », et c'est à croire que les élèves préfèrent lâcher totalement l'école qu'opter pour une solution moins exigeante.

– Pour t'aider à renouer avec l'école, il te faudrait un tout petit effectif : cinq élèves, ce serait idéal, insiste Christine.

Tête butée de l'adolescente.

– Et les ateliers ? Lesquels as-tu préférés ?

– J'ai bien aimé les arts plastiques, le parfum, mais pas le blind test.

Christine hausse les sourcils, tous les ados adorent le blind test.

– J'avais trop peur de me tromper devant les autres reconnaît Céleste.

– Tu sais que tu as le droit de te tromper ?

– Non, pas pour moi. Et je ne supporte pas le regard des autres.

– C'est pas très grave de se tromper sur Gainsbourg ou Orelsan, non ? Si ?

– Si, pour ça aussi. Surtout pour ça, répond Céleste.

Après Céleste, vient le tour de Jade, qui semble encore plus fatiguée que d'habitude.

Jade et son petit air sérieux, mais ses notes en chute libre.

Jade l'admet au cours de la conversation, elle a un mal de chien à se concentrer. Elle n'y arrive pas. Elle est au dernier rang, elle dessine. Elle s'ennuie. Elle s'endort, la tête entre les mains. Et parfois la prof ne voit rien du tout.

– Pour les notes, c'est bien simple, dès que j'ai une sale note, j'abandonne.

Christine propose une solution : et si Jade se plaçait devant ? Elle serait plus concentrée, plus motivée. Elle s'empêcherait de dormir.

– Impossible, rétorque l'adolescente.

– Deuxième rang ? négocie Christine.

– Non, je ne supporterais pas qu'on me regarde. Il y a du bruit, les élèves se moquent les uns des autres dès qu'un doigt se lève. Il y a du chahut.

– Est-ce que tu travailles, à la maison ?

Haussement d'épaules.

– Raconte-moi comment ça se passe. Tu rentres et puis… ?

– Je rentre… Je me repose…

– Oui ?

– … Je regarde mes mails, je regarde les réseaux, j'appelle ma copine.

– Et tu travailles quand ?

– Après je fais une sieste, enfin, je comate, en deux secondes…

– Et tu travailles quand ?

Jade l'admet : elle ne travaille pas. Ou bien quinze minutes, elle fait semblant, devant sa copie, mais elle s'endort.

– Pour l'instant, tu es ici, et nous allons choisir tes cours ensemble. Qu'est-ce qui te plairait ?

– Maths. Anglais aussi.

– J'ai un excellent prof d'anglais. Mais il n'est pas sur place. Anglais par Zoom, ça te va ?

– Ça me va.
Maths et anglais. Et un gros boost de courage.

Je reconnais l'ado suivante. Polo vert pomme, tresse brune : Sybille arrive, tout sourire, fidèle à elle-même.
L'œil sur ses bulletins, Christine s'extasie. Mais je ne suis pas dupe : elle teste l'adolescente.
– 19 en mathématiques, 18,59 en français. J'ai rarement vu un tel bulletin. C'est extraordinaire. Tu es là pour combien de temps ?
– Dix jours.
– Dis-moi, reprend Christine, tu travailles beaucoup pour arriver à ces résultats ?
– Oui, sourit tristement Sybille. Quand je rentre à 15 heures du lycée, je travaille cinq heures par jour, à peu près.
Christine sursaute.
– Et le week-end ?
On a l'impression que Sybille minore :
– Quatre, cinq heures le samedi.
– Et le dimanche ?
– Environ cinq heures... Jusqu'au jour où ma psy m'a demandé de lever le pied.
– Elle a bien fait. Et tu as trouvé ça facile, de ne plus travailler le dimanche ?
– Super dur.
On pourrait considérer l'adolescente comme une petite élève modèle. C'est oublier que la perfection s'enracine parfois dans une souffrance inexpliquée. Et Christine l'a bien compris.

Quand elle entend que la lycéenne rêve d'une prépa scientifique ou bien de médecine, elle la félicite : c'est courageux, et Sybille en est capable. Mais tiendra-t-elle le coup, alors qu'elle est déjà en pré-burn out ?

– Oui, je sais, murmure la jeune fille.

– Et le soir ? Tu travailles tard ?

Sourire désolé de l'adolescente.

– Tu dors bien ?

Moue désolée.

– Non.

– Tu sais que tu dois arrêter deux heures avant d'aller te coucher ?

– Oui, je le sais, soupire Sybille.

Qu'il soit surinvesti ou désinvesti, le lien à l'école est toujours révélateur de la maladie. Ici, on propose des pistes telles que le PAI, le « plan d'accompagnement individualisé », on suggère aux ados de passer leur bac en deux ans, de rejoindre un microlycée, ou un soins-études. Objectif : se rabibocher tranquillement avec l'institution scolaire. Cesser d'avoir peur.

Sur ce chemin, il faut parfois lutter pied à pied avec les parents contre leur envie d'aller trop vite. Trop loin.

On le sait, ici, soigner une désco prend du temps. Deux ans pour réconcilier l'enfant avec l'école. Si on presse l'ado, on risque de le voir retourner dans sa grotte.

Les parents sont aussi ceux qui, inconsciemment parfois, poussent à l'hyper-performance. Certains, peut-être trop à l'écoute des réseaux sociaux, des médias et de certains psys peu scrupuleux, sont persuadés que leur enfant est HP, « haut potentiel ». J'ai assisté à deux consultations, au cours desquelles les parents ont posé la question : « Pourquoi ne pas lui faire passer le test ? Je pense qu'elle est HP ».

C'est la raison pour laquelle, semble-t-il, la professeure Marie-Rose Moro a prévu, dans la salle Lebovici, une conférence sur ce sujet, en ce 16 janvier : « Les HPI. Représentation du concept de haut potentiel intellectuel », par la docteure Églantine Mazeaud, pédopsychiatre. Quand j'arrive, dix minutes avant le début de l'allocution, la salle, ouverte aux professionnels, est bondée. Certains sont assis par terre, près de la porte. Et je pense à tous les manuels qui sortent chaque mois sur le sujet des HP.

La docteure Églantine Mazeaud raconte qu'elle s'est intéressée à ce sujet il y a dix ans, après avoir entendu tant de parents demander un test, un certificat... Pourquoi cette focalisation d'une société tout entière sur le haut potentiel ? Car c'est universel - les Anglo-Saxons parlent de *gifted*, ou de *high ability*, au Canada on utilise plutôt le terme de « douance ». Et chez nous, ajoute-t-elle, les mots « précocité », « surdoué », voire « zèbre », ont laissé place depuis quelques petites années à « haut potentiel intellectuel » - et, dans l'institution scolaire, au sigle EIP, « enfant intellectuellement précoce ».

En Espagne, explique Églantine Mazeaud, on décrète qu'on est HP à 130 de quotient intellectuel. En Chine, par exemple, c'est à 140. Assez critique, la pédopsy évoque une hypothèse sociologique. « Quand on réfléchit au contexte du siècle, on passe d'une verticalité à une horizontalité, c'est-à-dire d'un Dieu tout-puissant à une société composée d'individus qui sont en quête d'une performance. Surtout pour leurs enfants. Dans l'Antiquité, rappelle l'oratrice, le génie n'était pas incarné par un homme, c'était un esprit. Un ange gardien qui veillait sur les hommes, de leur naissance à leur mort. Chacun avait son bon génie. À la Renaissance, le génie s'incarne dans l'Homme : Dieu élit ses génies. Il a fallu ensuite faire « sans lui »...

Quand Églantine Mazeaud affirme qu'« on investit sur des enfants comme on investit en Bourse », elle déclenche des murmures d'approbation. « L'idéologie d'aujourd'hui, poursuit-elle, c'est de réussir, et non d'apprendre. » (Nouveaux murmures d'approbation.) Mais alors pourquoi cette obsession du quotient intellectuel, du haut potentiel ? Est-ce pour renarcissiser des parents en mal de performance ?

La docteure Mazeaud évoque les travaux de Wilfried Lignier, notamment son livre coup de poing paru en 2012, *La Petite Noblesse de l'intelligence*. Le sociologue s'est entretenu avec des parents demandeurs de tests de QI : ceux-ci, issus de milieux plutôt favorisés, donc de l'élite, ne font pas confiance au jugement de l'école. Ils craignent que l'enfant, en s'ennuyant, ne vienne à perdre ses capacités. Ce diagnostic, s'il est « tamponné » par un expert, permet aux parents d'avoir un petit pouvoir sur l'école – les sauts de classe, les placements dans les meilleures classes... Voilà pourquoi le sociologue évoque la « petite noblesse de l'intelligence ». Les parents de jeunes diagnostiqués « haut potentiel » appartiennent désormais à cette nouvelle caste.

Parmi les déconstructeurs (sinon les détracteurs) du concept même de HPI, Églantine Mazeaud cite aussi la fameuse psychologue Caroline Goldman, prêchant la restauration des limites. Or pour Caroline Goldman, le problème de ces enfants n'est pas d'être « HP », mais bel et bien d'avoir été élevés sans limite ni frustration. D'après la psychologue, l'esprit critique, l'avidité intellectuelle, l'intolérance à l'ennui et même les sujets de prédilection de ces enfants (l'astronomie, les dinosaures) sont révélateurs de leur « manque de limites ». Les parents préfèrent y lire des signes d'intelligence supérieure...

Faut-il faire un test ou non ? Encore une fois, la docteure Églantine Mazeaud se réfère à Caroline Goldman. La psychologue raconte qu'un jeune centralien, dont le père était persuadé qu'il était HP, a fait un test après avoir été admis. Résultat : 105, soit dans la moyenne. « Ça ne m'étonne pas, a répondu le jeune homme, j'ai beaucoup travaillé pour réussir. Si on m'avait donné ce chiffre, ça m'aurait ralenti dans le processus. Je n'aurais pas eu confiance en moi, je n'aurais rien fait. » Donc la psychologue conseille, elle, de s'abstenir de faire un test. D'être, en tout cas, très prudent avec les chiffres. Les pédopsychiatres accueillent beaucoup de parents sûrs d'eux : « Mon enfant est HPI. Regardez, j'ai le chiffre. C'est peut-être pour cela qu'il est malheureux... »

Après la conférence, les mains se lèvent en nombre : infirmières scolaires, psychologues, jeunes psychiatres... Ces thérapeutes, me semble-t-il, en ont gros sur le cœur. Ils peuvent enfin s'exprimer. Sur les parents qui quémandent, qui insistent, sur la surstimulation, l'hyper-investissement. Sur la fascination. Sur tous ces enfants que l'on charge d'étranges missions venues parfois de loin. Où est passé le petit génie de l'Antiquité, l'ange gardien qui venait tendre la main aux humains en cas de doute ? On se demande s'il ne s'est pas tout simplement réincarné dans nos adolescents - dont la carapace se craquelle sous le fardeau.

14

Une dystopie radiophonique

> « Pour ma chronique, j'hésite entre la rubrique "Apocalypse" et "Écologie". »

Le vendredi, quand Charles – le responsable des ateliers –, attablé au Club, accueille les jeunes patients l'un après l'autre pour organiser leur planning de la semaine, il est souvent obligé de surjouer l'enthousiasme. De « sortir les rames » pour motiver les plus récalcitrants. Je le vois, plongé dans son fichier Excel, appeler les ados les uns après les autres. Et de sa voix douce et ferme les orienter : « Assieds-toi. Qu'est-ce que tu aurais envie de faire la semaine prochaine ? » Ils n'ont que l'embarras du choix, mais l'un des animateurs qu'ils préfèrent est incontestablement le très cool Teddy.

J'ai entendu parler de lui dès les premiers jours. Teddy est le grand frère dont on peut rêver. Musicien dans une autre vie. Il a notamment écrit un très beau morceau, *Ils étaient armés jusqu'aux dents*, après l'attaque de *Charlie Hebdo*, en 2015.

Teddy se consacre aujourd'hui à temps presque complet à deux ateliers dits thérapeutiques, mais surtout très fun : le blind test, un jeu collectif qui consiste à deviner le titre d'un morceau de musique et son interprète : gros succès chez les adolescents, et belle performance pour s'exprimer en public ; et l'atelier « radio », au troisième étage. C'est là que je me rends aujourd'hui. Ambiance « Maison ronde », dans le studio d'enregistrement, avec la table de mixage, les micros disposés en cercle, les affiches sur les murs (Fun Radio, Fip...).

Teddy, toison bouclée brune et montures carrées noires, accueille les cinq ados inscrits aujourd'hui : Zoé, Bahia, Daphnis, Étienne et Jade.

– Ici, on va produire une émission de radio, dont vous serez les chroniqueurs. Pas de pression, hein. Ne soyez pas stressés par les micros, on n'enregistre pas, on fait comme si. L'idée est que nous sommes en 2033. Et chacun va écrire une petite chronique.

– Quel genre, l'émission ? interroge Bahia.

– Hanouna, *Touche pas à mon poste*, propose Étienne.

– Ah non, plutôt *Quotidien*, Yann Barthès, reprend Bahia.

Reste à trouver le nom de la radio. Qu'est-ce qu'on choisit ?

– Radio Pom Potes ? Lance la gourmande Bahia.

Petite moue désabusée de Jade, qui jette un œil aux affiches, sur le mur.

– Pourquoi pas Flip FM ?

Tout le monde approuve dans le studio. Vient donc de naître une nouvelle radio - sous le signe du flip !

– Qu'est-ce qu'on peut imaginer comme autres rubriques ?

Flash info, culture, politique, écologie... sport... chacun choisit. Jade, qui porte ce matin-là des guêtres en laine irlandaise et des baskets, jette son dévolu sur la mode. Bahia le sport. Et les voilà tous en train de griffonner,

– Lâche-toi, imagine qu'en 2030, il y aura des super matières techniques. Tu peux inventer ce que tu veux, lance Teddy.

– Ah oui, des vêtements numériques, avec une montre pour les commander.

Le délai est passé, le rédac chef-animateur-chauffeur de salle lance le jingle, puis le flash info de Zoé, qui mêle infos loufoques et poétiques : le Parti communiste a remporté les élections, Vladimir Poutine est devenu le président de l'Ukraine, la France a remporté la Coupe du monde d'air foot face à l'Argentine, une femme est morte mordue par son chien robot, le dernier oiseau a été percuté par une voiture volante, et on a aperçu un alien déguster un cappuccino en terrasse.

La rubrique « culture », annonce une expo sur les années 2000 avec une salle immersive consacrée au 11 Septembre et à l'attaque des tours. Côté mode, Jade nous informe de la généralisation des vêtements numériques, avec outfits divers et variés (boutons, fermetures Éclair... et même un échantillon de taches de toutes les formes), à recharger sur clé USB. Et enfin, le nec plus ultra : la nouvelle montre Rolex qui calcule le temps qu'il nous reste à vivre, info qui est saluée par un « flippant, mais génial ! », émis par Bahia.

Quant à la rubrique écologie elle est curieusement hyper positive, Étienne annonçant l'arrivée d'une nouvelle source électrique à partir du compost, et enfin la guérison des abeilles infectées, grâce à une super trouvaille.

Dix minutes avant la fin, Teddy entame le débrief.
– Comment ç'a été ? Je vous ai trouvés vraiment top, avec un vrai ton de chroniqueurs.
– Si on avait été plus nombreux, j'aurais eu du mal à parler, confesse de son minuscule filet de voix Jade. Même si le micro n'est pas branché.
– C'était trop positif, ta chronique écolo !, lance Bahia à destination d'Étienne, presque déçue. J'attendais du grave flippant.
Mais peut-on encore ironiser sur l'état de la planète en plein effondrement climatique ? Celle qui a raison, c'est Zoé :
– Pour écrire des trucs noirs, faut pas être trop déglingos dans sa tête, philosophe la grande prêtresse à mèches roses et bleues.

Après l'Apocalypse virtuelle, il est temps de se ressourcer auprès de « Magic Marie », aux commandes de la médiathèque, ce lieu béni - et surtout équipé de quatre ordinateurs et de fauteuils à haut dossier dans lesquels on s'assoupit, épluche le dernier numéro du *Canard enchaîné*, de la revue *XXI*. Je reconnais Aya, et son sourire un peu triste, devant le rayon poésie. Et m'en étonne secrètement : ainsi il existe sur terre des ados qui apaisent leur chagrin avec Apollinaire ou Mallarmé ?
Elle rejoint ses camarades, autour de la table rectangulaire, au fond de la pièce. Aujourd'hui est une journée particulière. Ils sont tous réunis pour préparer l'arrivée de Jul, l'auteur de bande dessinée. Ici, il faut dire que les artistes se bousculent pour rencontrer ce jeune public plutôt

sérieux et motivé. Je retrouve Sybille, l'intello souriante au-dehors, désespérée en dedans, qui me raconte sa dernière sortie, dans un bar à chats du XIe arrondissement.

Marie distribue de larges feuilles blanches, sur lesquelles on partage quelques éléments biographiques. Julien Bergeaut, alias Jul, a été enseignant d'histoire-géo. Et de décliner les « délires » comme disent les ados, de Sciences Peaux à la Loi contre le port du Poil, en passant par le titre, la Planète des sages. La ZEP, la zone d'évolution prioritaire. En réalité, les références leur passent un peu au-dessus de la tête, même s'ils aiment les histoires de la famille Dotcom inventée par Jul et narrée dans *Silex and the City*. Il s'agit de préparer des questions.

« À qui vous adressez-vous quand vous écrivez ? »

« Vous avez aimé être adolescent ? »

« Vous étiez plutôt un ado rebelle ; vous étiez déjà drôle, ou bien plutôt sérieux ? »

« Vous étiez plutôt bouffon ou délire ? »

– Moi j'aimerais bien lui demander si c'est facile ou difficile de poursuivre ses rêves. De devenir quelqu'un de connu, comme lui. Comment on doit faire, avance Jade.

– Ou si vraiment ça lui a plu, cette période de l'adolescence. Comment il nous voit, nous, enchaîne Zoé.

15

Marie-Claire, mère de Bahia

> « C'est une ado : elle tire sur la corde pour vérifier que quelqu'un résiste de l'autre côté. »

Elle s'appelle Marie-Claire. Elle porte des lunettes rondes métalliques dorées, des cheveux poivre et sel très courts et me rappelle la comédienne Firmine Richard – une Firmine Richard plus jeune et plus mince, plus calme. La mère de Bahia est posée, discrète, tout autant que sa fille est fantasque, extravagante, baroque.

Je reconnais la femme aperçue un soir dans le « coin familles » au rez-de-chaussée, berçant une Bahia en larmes, la tête sur ses genoux. J'étais partie sur la pointe des pieds, en m'étonnant alors de la volte-face de l'adolescente, que j'avais vue glousser au Club quelques minutes auparavant.

Sur la proposition de Bégal, Marie-Claire retire sa doudoune, s'installe sur sa chaise, et sort son téléphone, qu'elle place sur ses genoux.

– Bahia était très très en colère contre nous, annonce la docteure Gal. Je pense que c'est une réflexion sur son décolleté qui a mis le feu aux poudres.

La mère sourit :

– Bahia est remontée comme un coucou en permanence. Elle teste les limites vestimentaires…

– Oui. C'est le job de l'adolescence. Mais on lui demande de se vêtir un peu plus dans les règles…

– C'est de la provoc…

– C'est une ado, elle est en train de nous dire, à nous tous, à vous, parents, à l'équipe soignante : « Je teste les limites, mais par pitié, tenez bon. »

La mère pianote sur le clavier de son iPhone.

– Tenez… Je peux vous lire quelque chose ? J'ai vu ça sur un compte Instagram consacré à l'adolescence. C'est la lettre d'un adolescent à sa mère.

Elle lit :

– « Les devoirs, le linge sale, la chambre en désordre, partir, claquer la porte, avoir des amis, des mauvaises fréquentations… Qu'importe. J'ai besoin de me battre avec toi au sujet de ces choses, et j'ai besoin que tu t'opposes à moi en retour. C'est ce conflit qui va m'apprendre que mon ombre n'est pas plus grande que ma lumière. J'ai désespérément besoin que tu tiennes l'autre extrémité de la corde. Que tu t'y accroches pendant que je tire de mon côté, le temps de trouver des appuis dans ce nouveau monde. » C'est un fils qui écrit à sa mère. Enfin, prétendument !

– C'est tout à fait ça, approuve Bégal.

Elle se penche vers la mère, au bord de sa chaise.

– Je dois vous dire. Hier, Bahia s'est encore scarifiée. Avec un bouchon de stylo. Elle est revenue sur une ancienne entaille, au niveau de la main. On a dû lui faire un point de suture au poste de soins. Mais…

– Mon Dieu...

Marie-Claire baisse le visage, accablée. Bégal lève la main, dans un geste d'empathie, comme pour limiter son chagrin.

– Je sais... je sais, c'est dur. Mais vous savez, pour moi, les scarifications souvent, préviennent un geste plus grave. C'est le marqueur d'une génération. Ils expriment leur souffrance de cette manière...

– ... Le sang coule, tout de même, murmure la mère.

– J'aimerais bien que l'on remonte à l'enfance, poursuit la pédopsychiatre. Qu'y a-t-il d'après vous de marquant ? Depuis la grossesse ?

La mère de Bahia mordille sa lèvre supérieure, plisse les yeux. Il y a toujours eu quelque chose quand on y réfléchit.

– Un petit truc à l'échographie, pas grave mais... Parfois je me demande si on ne l'a pas trop regardée, auscultée, jugée... Elle avait un petit retard de croissance... Qu'elle a bien rattrapé depuis ! Mais on m'a assaillie d'échographies, j'ai même eu une amniocentèse... On craignait une trisomie de je ne sais plus quel chiffre.

– Avez-vous connu une dépression post-partum ? Y a-t-il eu des évènements marquants pendant les premiers mois ?

Marie-Claire agite sa jambe droite - exactement comme j'ai vu faire la fille.

– Si, si, quand j'y réfléchis, rien de grave, mais elle a toujours voulu se débarrasser de nous. Tout faire tellement vite. Oui, c'est un peu « Madame vivre vite ». Elle a voulu lâcher son biberon du matin très vite, vers douze mois, elle a voulu un bol, et tout le temps pareil. À 13 ans, elle est rentrée de colo toute seule. Tout le monde a cru que c'était une fugue. Mais non ! Elle s'était simplement glissée parmi un groupe d'adultes et hop ! elle ne nous a pas attendus. C'est quelqu'un qui disparaît, comme ça, *pfuit* ! Quand elle a fait son stage de troisième, son chef s'est arraché les cheveux. Elle venait quand ça lui chantait...

– On a parlé du cannabis, la dernière fois.

– Là aussi, ça a débuté vraiment tôt, elle me l'a dit il y a peu de temps. Treize ans, son premier pétard, c'est tôt. Ensuite, elle a fumé, tous les soirs. Je ne sais plus trop où elle en est maintenant.

– Ici, en tout cas, ça correspond à un sevrage, confirme la docteure Gal.

– C'est clair. Et puis il y a autre chose, ajoute la mère. Elle est en très grande difficulté sociale avec les autres.

Je tourne la tête, malgré moi, vers elle. Si surprise d'entendre cela. Bahia, en difficulté sociale ?

– Ce que je veux dire, poursuit la mère de Bahia, c'est qu'elle a eu deux, trois amies dans sa vie. Vraiment pas plus. Mais des amies avec qui elle a vécu une sorte d'emprise. Ensuite, il y a eu cette relation particulière, sur Internet, avec un garçon. Un Marocain, qu'elle a voulu suivre. Un jour, j'ai vu qu'elle cherchait un billet d'avion pour la Turquie. Elle m'a demandé de l'argent. Vous savez, on a tellement parlé du djihad, c'est peut-être idiot, mais j'y ai pensé... Les choses se sont tassées. Mais à l'école, toujours ce harcèlement, la première fois elle avait 11 ans. Ça a duré, je ne sais pas, trois, quatre ans...

– Donc les problèmes à l'école ne datent pas d'hier, ponctue la docteure Gal.

– Oh non. Depuis la petite section.

– Depuis la maternelle ?

– Oui. Elle a toujours tout exprimé dans son corps. Par son corps. Elle souffrait d'otites douloureuses, je venais lui apporter son antibiotique tous les midis avant la cantine. Elle a toujours profondément détesté l'école. Quand on réfléchit, c'était peut-être déjà le début.

– Le début ?

– De la déscolarisation.

– Vous voyez autre chose ? Du côté des deux familles ? Est-ce qu'il y a eu des évènements graves ? Des tentatives de suicide dans vos familles ? Des choses dont vous aimeriez parler ?

Haussement d'épaules.

– Avez-vous l'impression qu'elle se met en danger parfois ? Qu'elle... provoque ?

– Oui, bien sûr.

Haussements d'épaules.

– Elle m'a tellement menti. Quand elle s'est mise à fumer - du cannabis, je veux dire –, je me suis vraiment posé la question. Où trouve-t-elle tout cet argent ?

La docteure Gal se raidit. Je la vois lever les yeux de son écran, en arrêt. Je me souviens de ce qu'elle m'a dit après la séance avec Bahia : sugar baby.

– Comment elle fait pour acheter tout ça ?

– Vous pensez à quelque chose ? interroge la pédopsychiatre.

Silence... Marie-Claire dodeline de la tête.

– J'ai tout imaginé. Tout...

– Par exemple ? insiste Bégal.

– Le... deal... Vous voyez... Et puis aussi...

– Et puis aussi ?

– Le pire. Comment vous dire... Une manière facile de se faire de l'argent... pour une fille... La prostitution.

Silence.

Quelque chose est en train de se passer, là, en ce moment même, j'en suis certaine. Un échange, un partage, un secret de contrebande, sur ce fil de funambule où la mère et la psy à tout moment risquent un pas de côté.

Quelque chose a été compris, j'en suis certaine, sans les mots, mais avec des larmes dans les yeux de la mère. Et l'humanité, qui vibre avec tant de délicatesse dans ce cabinet de psy, trouve toujours des chemins de traverse pour prononcer en silence les mots interdits.

Cahier sur les genoux, j'entends mon cœur battre comme un tambour.

– Vous lui avez posé la question ?

Marie-Claire rit derrière ses larmes.

– Elle m'a dit qu'elle participait à des championnats de jeux vidéo. Qu'elle avait même réussi à gagner de l'argent avec ça... Cela dit je me suis renseignée, il y a effectivement des prix. Mais comment vérifier...

– Elle joue beaucoup ?

– Pas tant que ça. Mais elle est très forte. (Elle relève la tête.) Comme pour tout ce à quoi elle touche. Elle a atteint un niveau challenger. Ou diamant, je ne sais plus. Les gamers...

Un mélange d'admiration éperdue et de désespoir.

– Parfois je me dis...

– ... Oui ?

– Que ce qu'elle a vécu... Enfin, vous savez bien... Elle était très jeune quand ça s'est produit...

– Oui ?

– Après un tel traumatisme, on peut se mettre en danger... C'est ce qu'on lit, tout le temps.

– Cela fait partie des pistes à creuser avec elle, répond la docteure Gal. La dernière fois, elle a émis l'idée de poursuivre ses études à l'étranger. En Erasmus ou autre. Qu'en pensez-vous ? Il me semble que l'internat pourrait même être une bonne solution. Si elle parvient à aller en cours.

– Ça va être difficile de se séparer. Vous savez ce qu'elle me dit ? Que quand elle était à côté de moi elle n'avait plus mal au ventre. À la maison.

– Ha, ha ! s'exclame de bon cœur la docteure Gal. Vous savez ce qu'on dit ici ? « Les mères, ici, on les aime... parce qu'on est loin d'elles. »

– Mais une fois à la maison, on les déteste, c'est ça ?

– On les aime... un peu moins ! C'est assez typique. En tout cas, ici, ça se passe vraiment bien. Globalement. Elle s'exprime, pour ça, il n'y a pas de problème. Elle a noué des relations - de vraies relations. Pas d'emprise. Elle est sympa. Ce qu'il faut faire, c'est peut-être l'inciter à prendre son autonomie ? Vous vivez toutes les deux en circuit fermé, avec, je crois, la tante dans le même immeuble ? Elle doit grandir.

– Elle a la trouille. Elle joue les fières-à-bras, mais elle a peur. Elle m'a dit : « J'ai peur d'avoir 18 ans, car les médecins ne seront plus là pour m'aider à faire des choix. Il va falloir un jour que je m'assume. Sans toi. ».

Marie-Claire renifle, je la vois de côté, je vois son œil qui brille.

– Elle m'a dit « Maman je t'aime et je te déteste ». Et elle s'est mise à pleurer.

– Il faut tenir la corde, de l'autre côté, sourit la docteure Gal. Elle est en train de trouver ses appuis. Et elle a de sacrées compétences, votre fille. C'est bien ce que m'a confirmé Christine, hier.

– Elle joue à la tête brûlée, mais la vérité c'est qu'elle est brillante. Mais tellement dure. Tellement !

J'aimerais beaucoup parler. Dire que Bahia est géniale avec les autres filles, qu'elle a appris à Jade à jouer aux échecs « pour qu'elle ait toujours un coup d'avance sur les autres, parce que c'est ça, la vie, et que les échecs c'est une philosophie » ; qu'elle a proposé à Pernille de jouer au Skyjo, ou de lui apporter son nouveau vernis pailleté avec des paillettes rose fluo.

Qu'elle a déridé Jade en faisant le chimpanzé lubrique.

Qu'elle a tressé les cheveux à Zoé en lui racontant une histoire du soir.

Qu'elle a réussi la prouesse de convaincre Lise de terminer son yaourt, l'autre jour, au goûter.

Mais je me tais et je remballe mon cahier.

Direction le Club, où Nicole, aide-soignante, m'attend.

Longue, fine Camerounaise d'une petite cinquantaine d'années, elle a un regard vif et lumineux. On la devine empathique, maternelle. À en croire le livre d'or, les aides-soignants ici sont un peu les parents de substitution. Ils sont là pour ces petites parenthèses, pour consoler, pour remonter. Dans ces moments précieux, hors du temps. Comment décide-t-on de s'occuper d'adolescents ? Parfois par hasard. Parfois parce que, dans une famille, comme me l'a dit pudiquement l'une d'entre elles, un jeune est « parti » à 19 ans, parfois parce qu'on a soi-même traversé une adolescence torturée, pour toutes sortes de raisons. Nicole, elle, s'occupait des personnes âgées dans un service de gériatrie, en soins de suite, avant de rejoindre la maison des ados. Elle aimait vraiment les « gentils vieux » affirme-t-elle, mais elle a dû renoncer à cause de la pénibilité du port des charges – « Retourner un patient dans son lit, c'est dur ! », dit-elle pudiquement. Nous sommes après l'affaire Orpea, et je n'ose pas lui poser davantage de questions.

Son emploi du temps ici est réglé comme du papier à musique. Tous les matins, elle arrive avant le réveil de ses ouailles. Elle prend connaissance des transmissions de l'équipe de nuit (comment se sont comportés les ados ? certains ont-ils été malades ? angoissés ?). Vient l'heure du réveil, un peu difficile. « On les laisse quelques minutes puis on prend les constantes – comme dans n'importe quel hôpital (tension, etc.), on donne les médicaments. Puis on les regroupe, et on les accompagne au troisième pour le petit déjeuner. Céréales, tartines, et croissants le dimanche. Oui, on mange avec elles, on a un petit œil sur le contenu des assiettes. On est là aussi pour leur ouvrir les toilettes – cinq WC sont fermés actuellement, pour cause de purge. Et on a un œil sur tout. Ils sont malins, les ados. Après les temps calmes, certains ont du mal à se séparer de leur téléphone. Certains rendent la coque, sans rien à l'intérieur ! On apprend à connaître tous leurs petits tours. »

À la Maison des ados, Nicole a mis un peu de temps à comprendre cette maladie, l'anorexie.

« C'est bizarre. Chez nous, au Cameroun, l'anorexie n'existe pas. C'est une maladie de pays riche ! Il y a aussi de grandes différences dans l'éducation. Chez nous, les enfants grandissent étape par étape, alors qu'ici, j'ai l'impression que c'est très brutal. On les entoure, on les encadre beaucoup plus que chez nous, et ensuite on les lâche d'un seul coup. Ils ont beaucoup de mal à se situer. »

Quand elle parle des anorexiques, et de leur hyperactivité, l'aide-soignante sourit avec bienveillance. Sourire qu'elle perd quand elle évoque les blessures : « On doit faire attention à tout. » Elle me montre son masque, à l'endroit de l'arête du nez. « Vous voyez, la petite barrette métallique, là ? Une des ados en avait collecté une dizaine pour se scarifier... Depuis, on les retire systématiquement. C'est pareil au self. On ne se méfie jamais assez des bris de verre. On n'est pas à l'abri que l'une d'entre elles ne glisse un tesson dans la poche de son jean. C'est ça que l'on craint, plus que les tentatives de suicide. »

Nicole se souvient du confinement comme d'un moment émotionnel intense. « Paris était désert et glacé... J'étais là depuis quelques semaines à peine quand le confinement a été décrété. Il n'y avait plus d'activités. Et là... épidémie de scarifications, de déprime, d'appels la nuit... »

Est-ce qu'elle est attachée plus particulièrement à certains ? « On se l'interdit », répond Nicole en éludant joliment la réponse. Elle lâche tout de même un prénom : Dahlia. Ah, Dahlia et ses magnifiques dessins. « Elle était très anorexique. Elle a eu à nouveau ses règles pendant le confinement. Après des mois et des mois d'aménorrhée. Un matin, quand je suis venue la réveiller comme tous les jours, j'ai été la première à qui elle l'a dit. Ensuite, eh bien, elle l'a proclamé partout ! Et on a fait la fête juste pour cette raison. Une belle victoire contre la maladie. »

* * *

Jeudi, 9 heures, le Club.

– Naomi. Je pleure, je ris mais ça ne va pas trop.
– Pernille. (Soupir.) Rien.
– Bahia. Je me casse vendredi, donc ça va.
– Sybille. Ça va bien merci !
– Éline. Super mal à la tête.
– Daphnis. Ça va bof.

Troisième groupe de parole, troisième jeudi matin à la Maison de Solenn et toujours de nouvelles têtes, nouvelles tristesses, nouvelles minceurs, nouveaux secrets.

À ma droite Pierrick, jambes croisées, arrivé hier les yeux fardés de bleu, pendentif en forme de croix à l'oreille, manie le crochet avec dextérité, les doigts revêtus de résille noire.

Pernille, en T-shirt « Love U » est toujours agrippée à sa potence, Bahia et Zoé blotties l'une contre l'autre au bout du canapé, main dans la main - celle de Zoé, bandée de gaze, laisse imaginer une nouvelle scarification matinale. Louise, en T-shirt gris à manches courtes, arbore sur son bras droit, entre le poignet et l'épaule, sa série de cicatrices translucides, comme des marques de désespoir.

Toutes les semaines à 9 heures, ils sont tous là, même si certains promettent de s'enfermer dans leur chambre ou de se cacher sous leur sommier.

Sybille à ma gauche, l'angoissée des notes, me sourit gentiment. Elle porte un sweat-shirt rose, et déjà, quelques filaments gris dans ses cheveux noirs. Laurine est encore en pyjama, et Naomi, pieds croisés, bat des baskets sur la tranche. Je note aussi l'arrivée d'Alicia, que j'avais vue en préadmission, et j'en déduis que son état s'est sûrement aggravé.

Ce matin, en l'absence de Marie-Rose, partie donner une conférence, la docteure Rahmeth Radjack anime le groupe aux côtés de Federico, le psychologue argentin.

– Voyons, voyons... Que va nous raconter cette boîte ? « Quelle est votre phobie ? » Ah, c'est intéressant. Qui veut commencer ?

Zoé lève sa main bandée. Elle a une phobie de ouf, la phobie des chiens. Les petits, les gros, mais surtout les dalmatiens.

– Ah, c'est Cruella, diagnostique Simon.

– Non, pas du tout, répond Zoé qui raconte que, petite, elle a failli se faire tuer par un rottweiler.

– Alors, rétorque Bahia, pourquoi t'as pas la phobie des rottweilers, hein ? C'est bien ce que je dis. C'est

Cruella qui gueule dans ton inconscient, ma petite, Simon a raison.

– N'importe quoi.

La docteure Radjack demande alors quel est le stratagème de Zoé.

– Que fais-tu pour affronter cette phobie ? interroge-t-elle.

Simon lève le bras, il a la phobie grave des insectes et des araignées, oui, de tous les insectes, même les fourmis. Simon en fait toujours des tonnes, il le sait, mais il a son auditoire. Ce qui n'est pas sans agacer Bahia, qui murmure entre ses lèvres fermées : « relou ».

À la question de savoir s'il a une stratégie, il répond qu'il court, et que, en fait, il court finalement en permanence, car il est difficile d'échapper aux fourmis, et aux moustiques l'été. Chacun dévoile sa phobie. Elles sont diverses et variées : phobie de rougir, des mannequins dans les magasins, phobie des clowns, des marionnettes, phobie de la foule, phobie de vomir, ou de vider ses intestins, jusqu'à l'ultime phobie qui consiste à être enterré vivant (comme pour Bahia), voire à disparaître, enlisé dans les sables mouvants.

Petite discussion autour de la meilleure manière de s'extirper desdits sables - doit-on remuer ou au contraire ne rien faire en attendant les secours ?

– Il paraît que t'es aspirée dans le fond de la terre, et que tu te fais bouffer comme ça.

– C'est impossible, la poussée d'Archimède te fait remonter à la surface, y a une vidéo là-dessus. Au contraire, en fait, si tu restes comme une statue le sable durcit, et tu peux totalement te trouver piéger quand la marée monte.

– Parfois, assure avec certitude Sybille, les gens bougent et se font ensevelir encore plus vite. C'est la terre qui t'aspire comme ça. *Schlaaark*, direct dans son ventre.

– Arrête c'est horrible ! Le flip !

– Puisque je vous dis qu'il suffit de bouger pour fluidifier le sable. Tu bouges, tu bouges, martèle Bahia.

– Jusqu'au moment où tu deviens statue. Et que la marée arrive devant toi.

Soudain une voix s'élève - celle de Mélina, qui dit avoir « grave la phobie de l'échec », annonce immédiatement suivie par une pléiade de mains levées. Dont, évidemment, celle, silencieuse, de Faustine, à côté de moi.

– Moi aussi, j'ai peur de rater. Peur de la plantade. Tellement peur de l'avenir ! De me tromper dans mon choix de métier.

Et revoilà le grand méchant loup, celui qui les tétanise, les paralyse bien plus que les araignées, les cafards ou la fin du monde : la peur d'échouer ! La voilà à l'œuvre, cette fois encore, dans leurs corps fragiles, coulant goutte à goutte dans leurs veines, impulsée par la peur du chômage, l'angoisse du vide et la tyrannie de l'enfant idéal.

Et même si, ce jour-là, Federico tente de relativiser en évoquant les nécessaires échecs qui mènent à la réussite, il faut bien le dire, ici, à la Maison des ados, ils sont tous tétanisés à l'idée de ne pas « remplir le contrat », à l'idée de ne pas correspondre à l'idéal des adultes.

Je pense soudain à l'entretien familial auquel j'ai assisté, il y a quelques jours entre Bégal et les parents de Laurine. Le père évoquait sa « petite chérie », avec des yeux remplis d'amour. Il racontait à quel point il tentait de la guérir de son anorexie, de l'entourer de tout son amour. Il racontait à la pédopsychiatre ce soir où, la voyant endormie sur le canapé, il l'avait portée jusqu'à sa chambre comme (je l'avais alors pensé) un roi porte sa princesse ; comme le roi porte sa fille dans sa robe couleur de lune.

La pédopsychiatre avait alors toussoté et, très gentiment, émis l'idée qu'il fallait éviter autant que possible ces contacts de corps à corps à l'adolescence.

Oui, les enfants sont pour leur plus grand malheur des petits princes et princesses, avec tiare, faux ongles pailletés, collier qui pèse bien trop lourd sur leur cou frêle.

– En tout cas, moi, je ne le dis pas, annonce Zoé.

– Qu'est-ce que tu ne dis pas ? interroge la docteure Radjack.

– Je ne raconte pas mes phobies, je ne raconte pas mes angoisses. *Never complain*. Jamais je ne raconterai mes peurs, trop peur d'être moquée, traînée dans la boue.

– Pour plaire aux autres, oui, renchérit Sybille, t'as intérêt à t'inventer gaie.

S'inventer gaie ? Je souris. C'est une jolie formule. Mais c'est triste.

– Oui, faut faire du théâtre. Déjà ça donne confiance en soi, et ça aide à s'intégrer.

– Tu penses donc que pour t'intégrer dans un groupe, il ne faut pas être toi ?

– Moi, je suis pas d'accord du tout, interrompt Naomi. Tu peux pas vivre avec un masque tout le temps. C'est fatigant.

– Moi, je suis toujours la même avec tout le monde, renchérit Sybille.

– T'as de la chance. Mais, tu vois, moi, j'ai été harcelée au collège, parce que, je crois, j'étais trop moi-même. Alors j'essaie d'être un peu moins moi-même, pour être un peu plus aimée.

Naomi secoue furieusement sa chevelure blonde.

Zoé a quelque chose de dur dans les yeux. Dur comme une lame.

– T'as déjà été harcelée ?

– Nan. Pas vraiment.

– Alors, de quoi tu parles ? Moi j'ai été harcelée. Et ça fait mal.

Au mot « harcèlement », Laurine est devenue toute pâle. Elle se lève précipitamment, la main sur la gorge, se fraie un chemin parmi les ados, murmure :

– Pardon, pardon, j'arrive pas à respirer.

Un coup d'œil entre les deux soignants, Federico emboîte le pas à la jeune fille. Elle semble pâle, fragile, asphyxiée. Elle est pliée vers l'avant.

Je me souviens de Laurine, hier. J'ai assisté à l'atelier arts plastiques sous la guidance de Claire. Elle évoquait ses difficultés à aller en cours, à nouer un lien avec les autres ; ses attaques de panique, et le fait qu'elle ne puisse sortir de chez elle que pendant quelques minutes. Je voyais ses mains tremblantes courir sur le tour de potier. Et elle me semblait si fragile... je me suis demandé si elle allait pouvoir rester tout le long des quarante-cinq minutes, et terminer son petit personnage en terre.

– Peut-être peut-on être sans filtre avec son cercle intime ? lance la docteure Radjack, qui tente de poursuivre la discussion.

– On peut peut-être être soi-même quand on a pris confiance ? questionne Sybille.

– Ouais, mais être sans filtre, c'est super risqué, insiste Zoé.

– On peut s'adapter, sans se suradapter, conclut Sybille la bonne élève. Garder juste un petit peu de soi à l'intérieur, comme dans une chambre aux secrets.

– Ouais. En tout cas, les problèmes psy, c'est mieux de les garder pour soi. Ça fait peur aux autres. La dépression, *no way* : faut la cacher.

– Ouais, t'as raison, approuve Zoé. C'est notre vie privée. Je garde tout ça comme dans une bulle de protection. Parce que je peux vous dire que le harcèlement, ça vous brise.

– Ça vous LES brise, fait, narquoise, Bahia. Ouais, c'est *bullshit*.

La séance s'achève par un thème plus léger : « Quel personnage célèbre aimeriez-vous rencontrer ? » Les ados égrènent les noms de leurs stars, qui me semblent très proches des nôtres, de Kurt Cobain, à Roger Waters en passant par Barbara...

Comme tous les jeudis, la docteure Radjack clôt la séance sur une note positive.

– C'était une belle séance, beaucoup de choses se sont dites. Sur le courage d'être soi au milieu des autres.

La semaine prochaine, si vous voulez, on reparlera du harcèlement.

Les chaises raclent le sol, les groupes se recomposent en fonction des amitiés et des ateliers à venir. Devant la porte du Club, je vois Aude, la diététicienne, approcher de la petite Pernille, d'un air concerné. Hier, j'ai entendu la pédiatre dire que l'adolescente était à nouveau en train de basculer. « Elle a recommencé à supprimer le petit déjeuner et le goûter. Et ensuite, elle rogne sur le reste. »

Je vois Aude penchée sur la jeune fille, cherchant son regard, discutant avec elle, chuchotant avec elle. Ainsi se passent les négociations, ici, à la Maison des ados. Sans aucun « forcing ». Avec toute la bienveillance possible.

Une bienveillance parfois désolée.

16

La traversée

> « Il y a les morts, il y a les vivants.
> Et il y a les marins. »
>
> Aristote

Le boulevard de Port-Royal est encore plongé dans la nuit quand je pousse la porte de la salle Lebovici : odeur de craie, de café et de poussière, chaises alignées comme dans une salle de classe. Tout cela fleure bon le petit matin.

Je me débarrasse de ma doudoune. Je reconnais et salue Federico.

Chaque mardi matin, une série de rituels se met en place. L'espace se réorganise pour installer le cadre de la consultation transculturelle. Dans le fond de la pièce, les six fauteuils accueilleront les membres de la famille, et la thérapeute principale, Marie-Rose Moro.

Face à la scène, une douzaine de chaises seront installées en arc de cercle : le « chœur principal », les co-thérapeutes, qui interviendront pendant la seconde partie de la consultation.

Reste ensuite à placer, au centre, la petite table ronde, vert amande, entourée des petites chaises. C'est le chœur secondaire, réservé aux petits frères et sœurs, ceux qui ne parlent pas encore, mais qui dessinent, sculptent, fabriquent.

Familles tunisiennes, ghanéennes, togolaises, afghanes, chinoises, etc. viennent s'asseoir, aux côtés de Marie-Rose Moro, et déposer leur chagrin d'exilés, leurs pertes, aussi, car elles ont beaucoup perdu pendant la traversée – leur sécurité, leurs rites, leur village, et peut être bien leur estime de soi.

Souvent, l'adolescent de la famille fait les frais de cet exil – du moins l'exprime-t-il dans son corps, dans son être. Si tout adolescent est déjà, en soi, ballotté entre deux identités, peinant à rejoindre une terre étrangère, que dire du sentiment de déphasage du jeune migrant ?

Un chagrin « au carré » ?

Planté au milieu du gué, paralysé par la colère – la honte parfois –, il a souvent perdu les mots. Alors, il hurle, il gesticule, s'agrippe à la falaise, suspendu dans le vide. Et alors il faut l'aider, lui tendre la main. Et s'il faut tout un village pour élever un enfant, il faut bien une douzaine de thérapeutes pour comprendre, éclairer, chacun du bout du monde, la peine de l'adolescent.

C'est Marie-Rose Moro, cheffe d'orchestre de cette rencontre, qui a implanté la thérapie transculturelle ici, à la Maison de Solenn. C'est sa marque de fabrique, sa singularité, son empreinte. Et pour cause. La pédopsychiatre est une enfant du transculturel. Née en Espagne, Marie-Rose a atterri dans un petit village des Ardennes à 6 ans, et a dû apprendre le français en quelques semaines. Elle me raconte qu'elle bricolait déjà sa langue, et son métissage.

Un jour, elle demande à une camarade : « Passe-moi ma bouffande » (à partir de l'espagnol *bufanda*, qui veut dire écharpe), ce que la maîtresse entend et qu'elle commente ainsi : « Marie-Rose est une poète, parce que les poètes créent des mots. » « Le lendemain, se rappelle Marie-Rose Moro, nous avons eu un cours sur la licence poétique. Non seulement être bilingue n'était pas une erreur, mais c'était une chance. »

Merveilleuse maîtresse. Sait-elle seulement ce qu'est devenue sa petite poétesse ?

À l'adolescence, Marie-Rose tombe amoureuse de Verlaine, Rimbaud, ses voyelles et ses couleurs. Elle est bonne élève. Elle sait qu'il faut réussir. Le seul jour où elle sèche un cours, elle s'en souvient encore. Elle était au collège, elle voulait voir une expo consacrée à Rimbaud, à Charleville.

À son arrivée à Paris, elle guette les ombres de Beauvoir, Sartre aux Deux-Magots, en relisant ses cours. Devenue psychiatre à l'hôpital Avicenne de Bobigny, elle est fascinée par le psychiatre Georges Devereux, et surtout par les consultations de Serge Lebovici et Tobie Nathan, l'ethnopsychiatre.

Alors, quand le personnel de l'AP-HP est venu la chercher pour diriger la Maison de Solenn, en 2008, Marie-Rose a transporté avec elle sa casquette d'ethnopsychiatre, son goût pour le plurilinguisme, sa passion pour l'anthropologie.

Et toujours pour la poésie.

Noah, 15 ans, entre Paris et Beyrouth

La salle se remplit, on s'embrasse, sirote son café, le brouhaha emplit l'espace. Je me glisse dans le chœur des co-thérapeutes, parmi Amalini, venue du Sri Lanka, Thamès, du Brésil, Fatima, du Maghreb, Sevan, d'Arménie, Jonathan, du Togo... un véritable village pluriethnique. Je suis à nu, sans stylo, sans carnet, sans ordinateur, sans question sur le bout des lèvres, sans identité. On abolit pendant trois heures la distance avec l'écrit, on ouvre ses chakras, comme m'a dit Marie-Rose.

La porte s'ouvre, la professeure Marie-Rose Moro entre, ses boucles auburn en bataille, son sourire chaleureux creusant ses fossettes, chaussée de ses bottines étoilées.

Elle rappelle dans un bref résumé l'histoire de Noah et de sa famille : famille libanaise cultivée, le père est ingénieur chimiste, la mère, assistante juridique ; trois enfants : Noah, 15 ans, et les jumeaux de 10 ans, Nour et Elias. Noah porte le symptôme du déracinement familial. Elle est déprimée, suicidaire, alterne conduites à risque et tentatives de suicide, scarifications.

La famille entre à son tour, conduite par le père, en costume bleu sombre, cheveux poivre et sel ; la mère, coupe au carré châtain clair, de taille moyenne, pull à col roulé et bottes noires. Arrivent ensuite les deux petits frères, Nour et Elias, deux boules d'énergie à boucles brunes, puis Noah, jolie jeune fille de 15 ans, longue chevelure lissée auburn, brushing impeccable, maquillage soigné, les yeux charbonneux, la bouche rouge vif ; elle porte une veste en tweed style Chanel à boutons dorés, un jean blue navy. Et un avant-bras plâtré.

Ce qui frappe au premier abord, c'est ce mariage entre une silhouette hyper adulte et une attitude rebelle, le plâtre, le Malabar mâché rageusement. Noah s'installe entre ses parents sans un mot, tandis qu'Alice Titia Rizzi, la rieuse psychologue italienne, embarque les jumeaux autour de la petite table verte.

Nerveuse, sur le qui-vive, Noah fait vriller son regard à droite, à gauche. Je reconnais la « casquette de colère », que j'ai repérée chez nombre d'ados ici - au-dessus des sourcils, cet endroit où bouillonne leur rage.

La voix flûtée de Marie-Rose retentit :

– Bonjour Noah, comment vas-tu ?... Ce bras plâtré ? Qu'est-ce qui s'est passé ?

Noah gonfle ses joues et fait une bulle avec son Malabar, tandis que ses parents, davantage attentifs qu'anxieux, se tournent vers elle.

Un silence envahit la pièce, rompu par les bruits de mastication rageuse. Marie-Rose passe une main dans ses cheveux bouclés et questionne la famille sur son arrivée en France. C'est souvent le point de départ, salle Lebovici : les premiers pas des marins sur la terre ferme.

On en apprend un peu plus sur la famille. Les parents se sont rencontrés, très tôt, à Beit El Chaar, à l'université Notre-Dame. Lui, ingénieur chimiste, et elle, étudiante en comptabilité. Mais le sort frappe le jeune couple : la mère est atteinte d'un léiomyosarcome, cancer des muscles lisses, heureusement localisé au niveau de la cuisse. « C'est la raison pour laquelle on est arrivés ici, en France. Pour consulter un cancérologue », raconte le père de Noah. Mais à l'Institut Gustave-Roussy, ils sont, précise-t-il, « accueillis avec condescendance ».

La mère de Noah commence un traitement, mais sombre dans la dépression - dont on ne sait si elle est consécutive aux soins, à l'arrivée en France... ou au burn out maternel.

Après la première série de chimiothérapies, la mère de Noah est hospitalisée, tandis que le père, lui, se voit contraint de retourner à Beyrouth pour des raisons professionnelles. Et Noah, seule, sans doute percutée par la maladie maternelle, est prise en charge par une tante, dans le XXe arrondissement.

Noah soupire avant de faire exploser une énorme bulle de Malabar.

– Je me suis très mal occupée de Noah pendant tout ce temps, reconnaît la mère. J'étais absente. Et si mal ! Elle a dû se sentir si seule !

– Tu as fait trois tentatives de suicide, lâche Noah. Je t'ai trouvée, un jour, par terre. En rentrant de l'hôpital.

– J'avais pris trop de médicaments, corrige la mère. Et une seule fois.

– Trois ! Ça s'appelle des tentatives de suicide, je te ferais dire. Après ton cancer, tu as été hospitalisée en psychiatrie. Ne te raconte pas d'histoires.

Mère et fille engagent une querelle sur la définition d'une tentative de suicide. La mère minimise-t-elle ? la fille dramatise-t-elle ? Noah en tout cas est furieuse, elle donne des chiquenaudes à répétition sur son plâtre.

– On ne va pas se disputer pour un nombre de tentatives de suicide tout de même ?

Noah regarde à nouveau sa mère d'un air hostile, puis, nerveusement, éclate de rire. Il semble qu'à ce moment-là la colère qui lui barre le front s'estompe légèrement. Avec un peu de chance, on passera de la rage à la joie.

La professeure Marie-Rose Moro se tourne vers Noah, profitant de sa soudaine et apparente bonne humeur.

– Et l'arrivée en France, comment ça s'est passé ? Et l'école ?

Regard à nouveau désespéré. Noah secoue la tête. Elle a été tellement déçue. Par la France.

– Déçue par quoi ? questionne Marie-Rose Moro.

Noah mastique, mastique. Bruyamment. Parle de l'accueil des autres. Leur racisme. Leur condescendance hautaine. Elle regarde sa mère avec, cette fois-ci, beaucoup d'amour. Sa mère, dit-elle, est incroyable. Belle, cultivée, pas n'importe qui. Elle a fait gagner un fric fou à son entreprise. Et il faut voir comment on la traite... Son père est féministe, c'est lui qui prépare tous les repas. Il a fait une école d'ingénieurs. Et pourtant, on les traite comme des blédards.

– J'ai eu des profs qui me montraient leur haine de l'étranger. Ça me rendait folle. Des crevards, des relous, et même une qui m'a dit que je lui faisais peur ! J'ai refoulé mes émotions, et, à même pas 9 ans, je me faisais du mal, j'étais dure. Il m'arrivait de tomber. Je ne ressentais RIEN. Rien du tout. Je me suis cassé des trucs. Encore aujourd'hui, je suis d'une intensité émotionnelle de ouf. J'explose à l'intérieur. Mais dehors, dehors je suis psychorigide.

Et Noha saisit le revers de sa veste :

– Vous avez vu ça ? Veste Chanel. Vintage. Années quatre-vingt. Boutons en perle. Sur Vinted. Vous avez vu mes bottines ? Toutes neuves. Cirées. Vous avez vu mes cheveux ? (Elle attrape une mèche avec une rage contenue.) Brushing. De ce matin. Lissés. Tous les jours, je me prépare comme ça. Tous les jours, je me maquille. Je me lisse, ça doit être carré, totalement carré. Ça me prend des heures.

Noha raconte ses vérifications devant le miroir, cinquante fois par jour. Repassage : *check*. Pli du jean : *check*. Make up, parfum : *check*. Lissage : *check*.

Jamais de cheveux bouclés ou crantés, ah, ça, surtout jamais !

Jamais un seul poil de chat sur sa veste, grâce à la brosse magique, la fameuse brosse à peluches double face ! « Vous connaissez la brosse à peluches double face ? Ça marche à l'intérieur, à l'extérieur, partout ! »

Noah joue à la vendeuse, jusqu'à faire sourire le chœur des thérapeutes, mais derrière la bonne humeur couve la rage.

Faut être irréprochable. Elle répète, encore et encore. Oh ! elle en a vu des regards noirs. Sur elle. Sur ses parents. Ces regards mauvais. Ces bouches pincées. Sur sa famille. Sur les Arabes.

Dans les transports. La dernière fois, cet œil noir jeté sur une femme voilée. « En quoi ça les regarde ! » Noah éructe de colère. Au Liban, on accueille les Français comme des rois. Pas avec ce mauvais regard. « Hein Papa ? Maman ! C'est pas vrai, ce que je dis ? Comment on accueille les Français, chez nous ?! »

De temps en temps, l'un des jumeaux se lève, quitte la petite table verte. C'est au tour de Nour, qui se dirige vers le planisphère accroché au mur. Il hésite, pointe son index sur le Liban - comme un présentateur météo.

Puis il retourne dessiner.

Le Liban. La guerre.

Les paysages ensoleillés. Beyrouth. L'explosion.

Enfin, c'est ce que je crois voir, depuis ma place dans le chœur.

Le père prend la parole.

– C'est juste, ce que dit ma fille. Je suis fier d'être libanais, mais ici, ça n'est pas la gloire. Je voudrais rebondir sur ce que dit Noah, ajouter quelque chose. Sur « le mauvais œil ». Celui de la jalousie. Cet œil qui vous jette un sort, qui peut vous rendre malade, provoquer le mal.

– Oui, ajoute la mère, on y a pensé. Il y a des oncles qui sont jaloux. Chez nous, il ne faut pas montrer la réussite. Et ici, en France aussi, les Français sont envieux de la réussite des autres. Surtout des immigrés.

– On porte la main protectrice, on la porte tous ! lance Noah, en montrant le pendentif doré qui scintille à son cou. Et ça, moi je ne sors pas sans.

– La main de Fatma. La main protectrice, murmure Marie-Rose Moro, avant de se tourner vers le « chœur » des thérapeutes : Jonathan, as-tu quelque chose à dire ?

Le psychologue prend alors la parole :

– Chez nous, au Togo, un proverbe dit : « La colère, c'est LA maladie. »

Noah hoche la tête en silence, comme si elle laissait lentement la vérité infuser en elle, et prendre possession de son être tout entier. De mon côté, je pense à *Mars*, la fameuse autobiographie de Fritz Zorn, au stade ultime de cancer, qui a décidé de troquer son patronyme, Angst (l'angoisse) contre Zorn (la colère). Fritz Zorn qui a écrit : « Je me déclare en état de guerre totale. »

La colère EST la maladie. La maladie ultime ? La maladie mère ? La seule maladie dont toutes les autres ne sont que de pâles avatars ? Est-ce la colère rentrée, celle qui vous déchire au-dedans ? Jonathan ne dira pas un mot de plus, mais il a fait mouche. Car Noah est touchée, on le voit.

La jeune fille observe, écoute, finement, tandis que la parole court, comme un relais passé de main en main. La psychiatre Rahmeth Radjack se demande si l'origine de cette colère ne provient pas d'une privation d'enfance.

– Il semble y avoir eu une inversion de rôles entre la mère et la fille.

Un autre thérapeute renchérit :

– Noah signifie « sagesse »... Et si la colère cachait la sagesse, la sérénité ? Quand Noah cessera d'être en colère, elle sera sereine. Et peut-être sera-t-elle elle-même ?

Amalini, à ma gauche, rebondit sur la traversée :

– Ce qui me frappe, c'est qu'on ne sait pas vraiment pourquoi la famille a quitté le Liban. Est-ce pour consulter un médecin ? Pour travailler en France ? Il faut se repencher sur le passé.

Un thérapeute poursuit dans cette veine :

– Ce que j'imagine, c'est la famille effectuant le trajet dans un bateau qui prend l'eau. Chacun écope, ils n'en finissent plus d'écoper. C'est ce qui s'est passé, le cancer, l'accueil détestable en France, le père obligé de repartir au Liban... Cette traversée a été difficile. Peut-être la coque est-elle toujours endommagée.

À la table verte, le petit Nour lève son crayon comme s'il demandait à prendre la parole.

– C'est facile, faut aller au port, lance Nour. C'est comme ça qu'on répare un bateau. Et puis, on repart.

Marie-Rose Moro rit doucement :

– Tu as raison, c'est une réponse très logique. Retourner au port, sourit Marie-Rose, avant de se tourner vers une autre psy : Lamia, est-ce que cela t'inspire quelque chose ?

La psychologue élève sa douce voix :

– En écoutant cette famille, je pense à la fable des deux grenouilles, qui tombent dans une jarre de lait. La première, désespérée, sûre d'y laisser sa peau, s'enfonce sans lutter. La seconde, tenace, se débat... elle s'agite et bat des pattes pendant des heures et des heures. Elle se débat tant et si bien que le lait se transforme en crème puis en beurre. Alors, elle prend appui pour sortir de la jarre. Elle est sauvée. Elle rentre chez elle, joyeusement. Vous ne connaissez pas cette fable, non ?

Noah hoche lentement la tête, pendant quatre ou cinq secondes, l'air inspiré, avant de dire, simplement :

– J'aime bien cette histoire.

Et elle ajoute.

– J'adore les métaphores de toute façon.

Et dans cet aveu, ce simple aveu littéraire d'une adolescente si subtile, je ressens au fond de moi une émotion qui me pique les yeux.

Noah a tellement raison !

La vérité est dans la métaphore.

Marie-Rose se lève. La séance s'achève, Noah sourit, et je le constate aussitôt, son front est lisse, comme si d'un seul coup la casquette de colère avait disparu.

Son regard n'est plus en vrac. Elle fait le tour des psys, serre les mains les unes après les autres tout en regardant dans les yeux, comme ferait une femme politique.

Comme des merci sans paroles.

Marie-Rose les raccompagne à la porte de la salle.

– On se revoit dans deux mois. Et surtout, surtout, vous notez vos rêves. Vous n'oubliez pas.

Après le départ de Noah et de sa famille, je suis profondément bouleversée d'avoir assisté à ce qu'on pourrait nommer l'avènement d'une vérité par le prisme du multiculturel. Je n'oublie pas d'où je viens ; et je vois un parallèle saisissant entre cette consultation transculturelle et l'exercice de la littérature comparée, découverte quand j'avais 20 ans.

La justesse d'un texte apparaît quand on le confronte à d'autres écrits. La vérité éclate. On découvre alors que la détresse humaine dans *La Divine Comédie* n'est pas si éloignée de celle qu'exprime Huysmans dans *Là-bas* ; et qu'une métaphore ne prend tout son sens que quand on la confronte à d'autres images, par-delà les siècles, par-delà les continents.

La vérité ne vient pas d'en haut, elle surgit de toutes parts, elle éclate à gauche, à droite, devant, partout.

La vérité est plurielle, et ça m'enchante.

Josefina, 15 ans, un douloureux anniversaire

> « Retourner sur ses pas,
> c'était retourner le souffle
> à l'intérieur de sa poitrine. »

Josefina a 15 ans et quelques semaines. Depuis que la famille a quitté Mexico pour la région parisienne, il y a deux ans, la jeune fille va mal. Elle souffre d'anorexie sévère, et surtout de mutisme. Au collège, où elle est scolarisée en troisième, elle est silencieuse à tel point qu'on l'appelle Gigi, du nom de la maman sourde (incarnée par Karin Viard) dans *La Famille Bélier*. C'est Hélène, sa psychologue, qui explique cela à tous les thérapeutes présents dans la salle Lebovici. Tout en précisant qu'elle craint de voir Josefina lâcher et l'école, et sa consultation. « Elle n'est pas venue les deux dernières fois », précise-t-elle.

Aujourd'hui pour la consultation transculturelle, en l'absence d'interprète, Federico, le psychologue argentin, assure la traduction. Il plie son mètre quatre-vingt-dix sur la chaise, aux côtés de Marie-Rose Moro, avant que n'entrent la fille et la mère. Josefina porte un ensemble en jean, elle est très mince. Ses cheveux blond doré, décolorés et très raides, lui tombent sur les épaules. Ses yeux noirs sont fardés de bleu, et elle me fait en effet un peu penser à Karin Viard.

Contrairement à Noah, Josefina ne montre aucun signe de colère.

La conversation est laborieuse, Josefina ne desserre pas les lèvres. Elle hausse les épaules, secoue la tête, la baisse, lève les yeux au ciel. Mais quand Marie-Rose Moro fait remarquer sa nouvelle couleur de cheveux, son brushing et son maquillage, c'est la mère qui ouvre la bouche et évoque, en un seul mot :

– C'était la Quinceanera.

– Ah bien sûr, la Quinceanera. Ça, c'est très, très important, souligne Marie-Rose Moro.

Dans toute l'Amérique latine, la Quinceanera, est une fête consacrée à toutes les jeunes filles de 15 ans. Un évènement majeur, un rituel de passage, au moins aussi important qu'un mariage ; un « bal des débutantes » pour toutes les adolescentes. Les familles, même les plus précaires, s'endettent souvent pour offrir à leur « mini-miss » la plus magnifique des cérémonies.

Or, Josefina n'a pas l'air très heureuse d'évoquer ce souvenir. C'est un euphémisme.

Oui, elle a bien fait la Quinceanera. Il y a quinze jours, murmure-t-elle douloureusement, entre deux soupirs. Josefina nous raconte : une jolie fête, mais une toute petite et misérable Quinceanera. Une pièce montée qui s'effondre comme un château de cartes : elle a invité dix amies de sa classe, mais seules deux sont venues.

Marie-Rose Moro déploie son talent, ses sourires, ses regards bienveillants, et la jeune fille parle. Elle raconte sa robe. Oui, elle a revêtu une robe en tissu lamé argenté, échancrée sur les épaules, ornée de volants en tulle parsemés de boutons de roses couleur mauve. Une robe couleur de lune. La jeune fille, qui semble soudain s'animer, peut-être en notant que tout le monde ici s'intéresse à sa Quinceanera, fait défiler sur son écran les photos de la cérémonie. Elle montre la robe à la professeure Moro qui la félicite. Quelle jolie robe ! Josefina, enhardie, fait passer son téléphone à Federico, qui le confie à Amalini, et tout le monde peut s'extasier sur l'allure de Josefina.

Mais ce n'est pas ce qui s'est produit le jour de la cérémonie. Quand l'adolescente a fait irruption dans le noir, vêtue de sa robe scintillante aux chevilles, sur ses talons de dix, comme une fée apparaissant dans un nuage, une princesse des Neiges qui fait rêver des gamines de 5 ans, mais plus du tout des adolescentes de 15 ans, les deux copines ont certainement ouvert les yeux grands comme des soucoupes. Peut-être même ricané.

Effrayées sans doute par l'étrange goûter d'anniversaire, effrayées par la robe de Miss France, le gâteau à trois étages recouvert de glaçage couleur arc-en-ciel, décoré du prénom JOSEFINA en lettres dorées et dont le premier étage, recouvert de boutons de roses en sucre mauve rappelait le volant de la robe, elles ont déguerpi. Quand Josefina et sa mère sont allées chercher le cochon de lait dans la cuisine – celui que, conformément à la tradition, elles avaient ouvert, farci puis recousu à grands points –, il n'y avait plus personne dans le salon.

La Quinceanera est un concentré de kitsch, comme toutes les fêtes venues de la nuit des temps. Comme Noël l'est aussi – une bulle étanche dans laquelle aucune ironie, aucun sarcasme ne peut se glisser, qu'aucun « esprit du temps » ne peut alléger. On doit prendre la Quinceanera comme cela, tout comme on supporte les excès de Noël.

Le lendemain, les copines se sont excusées, raconte Josefina. L'une a raconté qu'elle était végétarienne, donc qu'elle n'aurait pu supporter la vue de ce petit cochon de lait.

Josefina a enfin parlé. Les mots ont surgi, serrés, les uns contre les autres, dans un murmure. La tristesse est toujours là, bien sûr, mais la honte me semble diluée dans autre chose : l'incompréhension. Peut-être un peu d'irritation contre l'indélicatesse des deux lycéennes.

Marie-Rose Moro se tourne vers les psychologues.

– Hélène, toi qui es la psychologue de Josefina, que penses-tu de cela ?

– Grandir, c'est gai et triste à la fois. Avec cette robe, Josefina a paradoxalement aussi dû faire le deuil de l'enfance. Et ce n'est pas toujours aussi joyeux qu'on peut l'imaginer.

– Et toi, Jonathan ?

– Chez moi, reprend Jonathan, au Togo, tout changement intérieur, chez les jeunes filles, se voit à l'extérieur - surtout dans la chevelure, sur les ongles, le maquillage. Et on le marque, profondément. Quand Josefina est arrivée, avec ses cheveux tout blonds, son maquillage, c'est ce que je me suis dit.

La parole passe à Amalini.

– Chez moi, raconte la psychiatre tamoule, quand elles ont leurs premières règles, les jeunes filles ont droit à une cérémonie. Elles enfilent non pas un sari, mais un demi-sari. Il faudrait réfléchir à ça. Peut-être cette robe de la Quinceanera était-elle trop lourde à porter pour Josefina. Peut-être faudrait-il créer une robe à sa mesure. Une robe moins lourde.

Federico traduit, Josefina semble un instant sortir de sa torpeur. Ce qu'on lit dans ses yeux, à ce moment-là, il me semble, du moins, ressemble à de la reconnaissance.

La séance se termine sur cette interrogation : la maman est-elle prête à accueillir le métissage, la double culture ? Il est évident qu'elle tenait beaucoup plus que sa fille à cette cérémonie. Étant en position de survie, elle fait « comme elle peut », et peine sans doute à jeter un regard critique sur la réalité. Sur ce dont sa fille a besoin.

Thamès, la psychologue brésilienne, est d'avis que les amies de la petite n'ont pas saisi l'enjeu de cette fête capitale, de ce rite de passage. Il aurait été intéressant de leur expliquer cela. Et tandis que Josefina et sa maman quittent la salle, je me demande si cette Quinceanera, avec sa robe trop longue, ce gâteau trop sucré, cette coiffure trop sophistiquée, n'est pas la plus belle métaphore de la traversée vers l'âge adulte.

Une traversée dans une eau trop froide, dans un fleuve chahuté, dans une robe trop lourde qui vous entrave et vous empêche de rejoindre l'autre rive.

Aya, 14 ans, deuxième séance

– Je n'ai plus envie de mourir.

D'origine congolaise, Aya s'est assise aux côtés de sa mère, a déroulé les trois tours de son écharpe de laine bleu ciel, et a prononcé ces mots.

Immédiatement, je sens une onde parcourir le cercle des co-thérapeutes. Un mélange de soulagement, de gratitude, et peut-être de joie. Je mesure la portée de cette affirmation résolue, irrévocable.

Aya est vêtue ce matin d'un sweat à capuche gris clair et de drôles de santiags en plastique noir brillant. Elle est coiffée de petites tresses qui pointent dans tous les sens, comme des petites piques aux élastiques multicolores. Aya alterne des crises de boulimie et d'anorexie et s'attaque régulièrement. Elle s'est même retrouvée aux urgences après avoir sauté du deuxième étage... Hospitalisée pendant deux semaines à Sainte-Anne, elle a été redirigée ici, à la Maison de Solenn.

Je l'ai croisée durant mon immersion. La première fois, c'était devant le réfectoire.

Je me rappelle l'avoir trouvée souriante, plutôt chaleureuse, et rigolote, avec ses petites tresses insolentes et colorées. Sauf qu'un après-midi je l'ai vue aussi se tordre de douleur, au Club, une bouillotte sur le ventre. Je l'avais accompagnée au poste de soins, et nous avions discuté pendant le goûter. Aya a quitté l'établissement il y a deux jours.

À la question de Marie-Rose Moro « Aya, comment as-tu vécu l'hospitalisation ? », l'intéressée répond par une petite moue : elle déteste les groupes, et elle n'a pas aimé les filles.

Même si ça lui a fait du bien (elle coule un œil mi-hostile mi-cynique vers sa mère) d'être séparée de sa « daronne », dit-elle.

Elle remarque les bottines parsemées d'étoiles que porte la professeure Marie-Rose Moro :

– J'adore vos bottines, vous les avez achetées où ?

– Merci, répond sobrement la psychiatre avec un sourire avant de lui demander si elle a « apporté des rêves ». Question rituelle ici, en « transculturel ». Le rêve, c'est le cadeau, le point de départ, d'où en découleront d'autres, c'est la première bouteille jetée à la mer, c'est peut-être la vie d'ailleurs, la vie d'avant, que les psys vont récupérer, sur le rivage, pour l'observer et tenter de l'interpréter. On le voit dans le beau documentaire de Laurence Petit-Jouvet *J'ai rêvé d'une grande étendue d'eau*[1]. Cette « grande étendue d'eau », pourrait bien représenter l'obstacle à traverser, l'élément liquide, mouvant, incertain, le sas entre deux cultures. Dans le film, une femme africaine traduit son désarroi : « J'étais là, au milieu de l'étendue d'eau, je ne savais que faire. »

– Non, je n'ai pas de rêve, répond Aya.

– Tu es sûre ? Réfléchis. Tu n'as rêvé de rien ?

– Aya, tu m'as raconté un rêve il y a deux jours, insiste Hélène, sa psychiatre. C'était la guerre, tu te souviens ?

Aya soupire, ferme les yeux.

– Oui, oui, dit-elle, j'avais rêvé de ma tante, c'est vrai.

Elle glisse une œillade vers sa mère, mi-gênée, mi-provocatrice.

– Oui, ma tante que je kiffais tellement. Plus que maman... Qui m'a élevée, chez elle, pendant toutes ces années.

Aya poursuit, hoche la tête.

– Pourquoi elle est morte, elle aussi, si jeune, c'est pas juste... Voilà, dans mon rêve, c'était la guerre, j'étais dans la maison de ma tante, une réunion de famille. Soudain,

1. Film produit en 2002, diffusé sur Arte.

on entend des bombes exploser de partout, partout ! C'était horrible, on s'est tous regardés, il fallait se tirer. Fuir la guerre. Alors, tout le monde prépare ses affaires, en criant, le chaos, et soudain... je me retrouve seule. En un quart de seconde, tout le monde est parti, je suis seule, sans maman, sans ma tante. Avec une valise vide. Alors je quitte la maison, et je me retrouve dans la rue. Avec ma putain de valise vide.

– Et toutes les femmes de ta famille ont disparu, conclut Hélène.

Un bref silence.

– Pour moi, éclaire Amalini, il est possible qu'Aya soit en état de survigilance, comme on l'est en pays de guerre. C'est presque un stress post-traumatique. On continue à entendre le bruit des bombes, même quand il n'y en a plus. Je pense qu'Aya est dans cet état-là.

Marie-Rose Moro rappelle la scène traumatique, vécue par la petite Aya à l'âge de 6 ans, dont elle a parlé la veille. Son père, couteau en main, s'est approché de sa mère, dans l'intention de la tuer. Cette scène qu'Aya avait occultée, avant d'en reparler.

– Qu'en penses-tu, Aya ?

Aya se masse le ventre.

– J'ai la nausée, envie de vomir.

– Est-ce que tu veux sortir ?

– Non, ça va mieux, répond Aya. Ça y est, c'est terminé.

– Cette guerre, reprend une autre psychologue, pourrait bien être la guerre d'Aya. Prise dans un conflit de loyauté, entre deux pays, mais surtout entre deux parents. Un père qui a failli tuer sa mère.

Il sera beaucoup question d'héritage, d'inconscient, et surtout de fantômes pendant cette séance. Marie-Rose Moro demande à la famille si la tante a reçu une sépulture, si Aya se recueille régulièrement sur la tombe. La mère reconnaît que, même si le cimetière n'est pas très loin, elles ne s'y rendent pas souvent. Il y a eu trop d'évènements à gérer, notamment Aya, dont elle devait s'occuper. Mais la psychiatre insiste : les morts, on doit aussi s'occuper d'eux. Et Marie-Rose Moro de rappeler la teneur de la première séance :

– Rappelez-vous, on s'était dit que les morts devaient avoir reçu une sépulture pour ne pas importuner les vivants. Vous vous souvenez ?

Oui, oui, tout le monde s'en souvient. Il faut honorer les défunts – y compris les bébés décédés dans la génération précédente – pour qu'ils n'importunent pas les vivants. Or il y a eu deux bébés dans la génération précédente, des jumeaux, morts à la naissance.

Honorer les morts, pour faire vivre les vivants.

Aya écoute, bâille comme elle ne l'a jamais fait encore jusqu'à présent.

Les psychologues reparleront un peu plus tard de ce bâillement, pas toujours d'accord sur sa signification – détente, ou signe d'extrême vigilance (on sait que le bâillement est un signe de défense du corps face au sommeil).

– Aya veut se réveiller. Elle veut aller de l'avant, elle est devant une porte, mais elle n'ose pas l'ouvrir, déclare une psychologue. Elle a tellement peur de ce qu'il y a derrière.

– À la dernière séance, rappelez-vous, Aya disait qu'elle voulait se suicider mais qu'elle craignait de se retrouver en enfer. C'était ce qui l'arrêtait dans son geste : ne pas savoir ce qui se passe derrière.

– Mais elle ne veut plus mourir. Elle l'a dit, au tout début. N'est-ce pas, Aya ? interroge Marie-Rose Moro.

Les chaises raclent le sol, l'adolescente repart, non sans avoir regardé son auditoire, cette fois sans hostilité mais avec gratitude.

– Merci, merci beaucoup à tous, dit-elle simplement.

– Au revoir, Aya, nous nous revoyons dans deux mois.

– C'était une belle séance, conclut Marie-Rose Moro. La parole s'est enrichie, c'était une belle harmonie.

Oui, toutes ces séances sont belles. Même celles qui nous apparaissent un peu brouillonnes, mutiques, même celles pendant lesquelles les adolescents semblent roupiller sur leurs chaises.

Je me souviens de cette famille afghane, venue crier son chagrin, par l'intermédiaire du fils, adolescent agité, malheureux, adoptant des comportements ordaliques. J'avais assisté à la seconde séance. Le fils se portait alors déjà mieux. Les trois jeunes frères et sœur étaient réunis autour de la table ronde, sous la guidance d'Alice, la psychologue. Ils parlaient, ils dessinaient, pliaient des feuilles, bruyants. Dans tout ce brouhaha, la famille ne se faisait pas entendre et le traducteur parlait trop doucement. Je m'étais fait cette réflexion, un peu agacée : « Pourquoi Alice ne fait-elle pas taire les jeunes enfants ? »

Et puis, la fin de la séance était arrivée. Les psychologues avaient, l'un après l'autre, constaté que la famille était unie comme les cinq doigts de la main, mais que, pour autant, il lui manquait un récit commun de sa traversée. Pourquoi étaient-ils arrivés là ? Chacun avait une interprétation différente de son exil. De sa traversée. « Et toi, Alice, qu'en penses-tu ? » avait alors demandé Marie-Rose Moro. Et la psychologue de montrer la dizaine de petits bateaux de papier sur la table, au nom de chaque membre de la famille. Voici ce que le « petit chœur » battant avait construit, pendant la consultation, comme un magnifique point d'orgue. Voici ce que les enfants, si jeunes, avaient compris. Chacun avait grimpé dans un bateau différent pour venir en France – il fallait reconstruire le récit familial.

Qui dira le chagrin de l'exil, l'écartèlement, la déchirure ? Qui dira ces corps engoncés dans des anoraks qui ne réchauffent rien du tout, ces mères encombrées par leurs poussettes dans les escaliers du métro, perdues dans les rues grises de Paris, ces ados à califourchon entre deux mondes instables ? Que dire aussi de ma honte, ressentie à chacune de ces histoires, devant le racisme ordinaire ?

Je pense à ces mots de Jeanne Benameur, dans *L'exil n'a pas d'ombre*. Cette ombre qui nous constitue comme des êtres à deux dimensions. Ombre, et lumière, profondeur. Racines et ailes.

Les exilés n'ont qu'une dimension : celle de la marche, celle de l'aventure.

J'ai perdu la terre.
Je marche sur quelque chose que je ne connais pas.
J'ai peur ».

Parfois je vois
Dans le lointain
C'est comme une ombre de maison.

Je voudrais approcher
Tout est loin. [...]

Il faut que quelqu'un vous regarde
Pour avoir un visage

Je n'ai plus de maison.
Je n'ai plus de visage.

J'ai eu le sentiment d'assister ici, salle Lebovici, à une œuvre collective de restauration.

Réparation du visage, comme le font les chirurgiens pour les grands brûlés.

Réparation du bateau aussi. J'ai vu ces thérapeutes examiner la coque du navire, porter la barque non seulement de leurs bras, mais surtout de leurs voix, leurs métaphores, leur bienveillance. Je les ai vus souffler dans les voiles du bateau, encourager les marins à cingler sur les flots, sans abandonner ce qu'ils sont ; avec ce qu'il faut de rituels du « pays d'avant » pour affronter le pays d'après.

17

Aller mieux…

« Aznavour, je kiffe.
Autant que Maître Gims. »

Sur le tableau blanc, au club, Bahia, en body noir surmoulant a tracé au marqueur rouge :

« PREMIER JOUR DU RESTE DE MA LIFE »

Écouteurs dans les oreilles, elle se dandine, lance des petits cris joyeux, des « yess », des « trop bien », « je kiiiiffe », de sorte que personne, ici, au foyer, ne peut ignorer sa joie.

Elle écrit :

Me rouler dans la neige et attraper la crève
SI JE VEUX
Montrer mes boobs à qui veut les regarder
SI JE VEUX
Ne plus jamais fermer une porte de ma life
Sortir du clapier
Me faire implanter des griffes un peu partout

– Qu'est-ce que t'écris ? interroge Jade.

– TOUT CE QUE JE VAIS FAIRE, MEUF, QUAND J'AURAI QUITTÉ CETTE TAULE ! Revoir ma sœur, mon chien, ma daronne, ma chambre. (Elle pousse un petit cri.) Me réenfiler *Breaking Bad* pendant six heures non-stop ! Yess ! Avec trois tablettes de chocolat. Fumer une clope. AH OUI !

Elle tombe à genoux, les mains en prière, comme si elle remerciait la déesse Nicotine.

– FUMER UNE CLOPE EN DEHORS DES PAUSES CLOPE ! CHANMÉ !

UN TRUC DE DINGUE !

Sur le canapé, une voix s'élève.

– T'oublies le lycée, meuf. C'est pas ça, la vraie vie.

Zoé a coulé un œil ricanant vers son amie.

Histoire de la recadrer.

Histoire aussi, je l'imagine, de doucher un peu sa joie.

Regard-torpille, Bahia sort sa grenade :

– Le lycée, ma grande, c'est si je veux, quand je veux. Et c'est tout.

Mais le rêve s'est évaporé.

– T'es reloue, toi, de parler de ça un jour de sortie, note Jade. T'es jalouse ou quoi ? Laisse-la fantasmer, non ? Ça te fait iéch qu'elle sorte et pas toi, c'est ça ?

Bahia hoche la tête, bon prince.

– Elle a le seum. Je t'ai accueillie comme une reine ! Tu te rappelles ! Quand on s'est rencontrées ?

Zoé se lève et attrape Bahia dans ses bras, et la serre fort.

– Oui, j'ai le seum que tu partes. C'est vrai.

Pierrick, tout occupé à son tricot, les yeux maquillés mais cernés, lève les yeux de son écharpe en devenir.

– Ça t'a servi, tu crois, d'être ici ?

Bahia explose de rire.

– Ah, ah ! Bon, oui, sans déc, je vais mieux. Beaucoup mieux. T'as vu ma banane ?

Elle écarquille les yeux, et dégaine un sourire toutes dents dehors. Totalement fabriqué, excessif, faux.

– Super niaque, super mental, frère, adaptée à cette société de tarés !

Le sourire qui fait comme si. Le sourire qui dit : Hé, les mecs, j'ai compris les règles de cette société. On a envie de filer des coups de latte au monde entier, mais on fait comme si...

Pernille, qui pour une fois n'est pas plongée dans ses mots fléchés, mais laisse vaquer son regard doux-amer, murmure :

– On est vendredi... Tu vas pas au blind test, à 17 heures ?

– Mon dernier blind ! Bien sûr que j'y vais ! Le seul truc que je regretterai... Avec toi, ma puce, ajoute Bahia, soudain tout attendrie.

Le blind test est une institution ici, à la Maison de Solenn. L'un de leurs ateliers préférés où il se retrouvent autour de la musique. Il se déroule au troisième étage, dans la plus grande salle, la salle équipée de machines à muscles et qui sert aussi pour les séances de relaxation et de psychomotricité.

J'y pénètre pour la première fois. Teddy, boucles brunes et Ray-Ban, m'accueille, me demande si je veux participer, moi aussi. Je suis forcément intimidée, car j'ai passé l'âge d'écouter Spotify à longueur de temps, mais j'accepte.

Teddy a divisé la pièce en deux : une dizaine de chaises d'un côté, autant de l'autre. Il rappelle la règle du jeu :

– On va créer deux équipes. Le joueur qui pense avoir trouvé lève la main. S'il gagne, il fait remporter un point à son équipe. D'accord ?

Si deux mains se lèvent en même temps, et si les deux ont raison, le point ira à l'équipe perdante.

On débute. Je fais partie de l'équipe « Lipton Ice Tea », qui va se confronter à l'équipe « Red Bull ». Bon, tout ça reste très sage.

Aussitôt, ça va très vite. Je suis étonnée par la performance de certaines ados d'allure très timide, voire inhibée. Daphnis, Pernille... Ils répondent tous dans la seconde, reconnaissent Maître Gims, *La Terre est ronde*, d'Orlesan, Diams, *Sunset Lover*, de Petit Biscuit... Plus étonnant, après deux notes, ils identifient *La Bohème*, d'Aznavour.

Je m'attends à me ridiculiser en ne connaissant pas un seul groupe du moment, mais je ne suis finalement la cible d'aucun sarcasme, d'autant plus que je rapporte vaillamment trois points grâce à *The House of the Rising Sun*, alias *Le Pénitencier*, et à France Gall et Véronique Sanson.

Au moment où Teddy s'apprête à changer de thème (musiques de film), Jeanne entre, dossier en main.

– Bahia, tu viens ? C'est ton entretien familial. Ta mère t'attend. Enfin... (sourire de l'éducatrice) si tu veux sortir, évidemment.

– Yess ! Bahia embrasse fougueusement Zoé, Jade, et donne une caresse sur les cheveux de Pernille.

Le jeu se poursuit, avec les bandes originales de *Là-haut*, *Titanic*, *Charlie et la chocolaterie*, ou *Les Choristes* (que je devine, parce qu'ils n'étaient pas nés quand le film est sorti), mais l'ambiance en a pris un coup.

Comment ces professionnels font-ils pour recevoir des adolescents, les soigner, les écouter, puis les voir partir ? Quand se pose la question de l'attachement ? J'ai évoqué cela avec Edly, Jeanne et les soignants, qui ont tous répondu avec leur cerveau gauche : « On reste professionnels », « On s'interdit d'éprouver de l'affection », « Ça n'est pas notre rôle ». Bégal, elle, me confie : « C'est bon signe, quand ils ont envie de partir. Le pire, c'est quand ils veulent rester. Parce que, oui, il y en a un certain nombre qui rêveraient de rester là. »

Pour ma part, c'est ma dernière soirée avec eux. Après le dîner, certaines se sont déjà mises en pyjama. Cécile, une grande fille arrivée il y a deux jours, propose une partie de Croque-carotte. De temps en temps, ça fait du bien de régresser. Elles adorent ce jeu. Certaines se blottissent dans le canapé, en pyjama, en attendant la table roulante des tisanes.

– Tu crois que tu vas la revoir, Bahia ? demande Pernille à Zoé, qui hausse les épaules en se rongeant les envies.

– On s'est dit qu'on se reverrait. On se l'est promis. On s'est dit qu'on s'écrirait. Au moins des textos.

– Donc vous allez vous revoir.

– J'aimerais dire « oui, ma biche, ma Pernille, on va se revoir ». Mais le truc c'est que j'y crois pas. Mais le truc c'est que j'habite à Paris, dans le XIe. Et que Bahia, elle, vit à Nogent-sur-Marne.

Pernille ouvre grands les yeux.

– Et alors ? C'est pas loin !

– C'est pas loin, mais c'est pas à côté, répond Zoé. Tu sais, Bahia, elle va revoir ses potes, elle va revoir son chien, c'est ce qu'elle a dit, non ? Elle va retrouver sa vie, et moi je retrouverai la mienne. Alors, on s'est promis ça parce que sinon c'est trop le seum de se quitter. Mais je crois qu'on le fera pas.

On s'écrit, on jure de se revoir... Mais quand on retrouve sa vie d'avant, comme un vieux vêtement confortable, a-t-on vraiment envie de retrouver celle qui vous rappelle l'hôpital ?

Et cette amitié, faite de tendresse opportuniste, d'affection approximative, survivrait-elle hors de ces murs ?

Zoé poursuit :

– Tu sais ce qu'elle m'a dit, Bahia, l'autre jour ? Elle m'a dit « Tu sais, c'est un peu comme une île déserte, ici. Si y avait que nous, on serait copines, forcément. On est des potes juste par coïncidence. » Ouais, elle m'a sorti ça ! Alors tu vois, y a aucune raison que je la revoie.

– C'est nul, c'est nul à chier, se désole Pierrick.

Oui, c'est cruel, cash, mais incontestable. Combien d'entre nous, adultes, font mine de croire à des retrouvailles qui n'auront jamais lieu ?

La soignante arrive, pousse la table roulante avec les thermos d'eau chaude et les sachets de tisane. Nicole distribue les gobelets, les collations, biscuits ou compléments protéinés pour les plus dénutries.

Cette fois, Jade tend la main vers son Clinutren à la pêche. Puis elle l'oublie sur la table. Zoé la regarde.

– Tu l'ouvres, ce truc ? Tu l'as pris, tu l'ouvres.

Il me semble que Zoé reprend le rôle de Bahia.

– Tu veux que je dévisse le bouchon ?

– Je peux le faire !

Jade, le regard mauvais, contemple sa bouteille sans y toucher.

– Tu l'as pris, tu le bois. Merde, c'est comme si tu buvais une gorgée d'eau ! Dis-toi que c'est la même chose ! Tu peux pas faire ça, juste une fois dans ta vie ?

– Tu parles, 200 calories la gorgée.

– Et alors ?

Zoé fulmine, les mains sur les hanches.

– Tu vois, j'comprends pas… Pourquoi t'as accepté de venir ? Si tu veux pas guérir ?

Jade a un petit sourire triste.

– Mes darons m'ont clairement achetée, pour que je vienne ici. Tu peux pas savoir tout ce qu'ils m'ont offert. Un nouveau téléphone et un super trépied pour mes vlogs.

Zoé secoue la tête, interloquée, et rejoint la partie de Croque-carotte en maugréant. Jade, après m'avoir observée brièvement griffonner dans mon cahier, me demande si elle peut me montrer quelque chose.

– Nicole, dit-elle à l'aide-soignante, je vais dans ma chambre chercher un truc, d'accord ?

Quelques minutes plus tard, l'adolescente me tend quelques feuilles éparses, remplies d'une écriture serrée et penchée.

– C'est ce que j'ai écrit. Vous voulez bien lire ?
– Bien sûr que je veux.

Sous mes paupières
Mes corolles se referment autour du pistil grandissant. Les cloches ont sonné,
Je redécouvre des sensations perdues. La faucheuse, cette sacrée maladie, s'accroche à moi, telle l'abeille sur son étamine. Mais sans y prendre garde, presque sans le vouloir, j'avance vers cette aura de bonheur qui me guette. Il est temps de s'écouter, de lâcher les liens qui m'étreignent.

– Il est beau, ton texte. Très beau.
– Je l'ai écrit en atelier d'écriture, avec Isabelle Carré.
Jade m'autorise à le photographier. À le reproduire.

Il est 21 h 30, le temps de prendre congé, avant de me retrouver enfermée ! La dernière fois, j'ai échoué dans le hall, toutes portes fermées, le cœur battant... En errant à droite à gauche, j'ai finalement trouvé la seule porte donnant accès au petit patio extérieur, celui des pauses clope, et j'ai dû me faufiler entre deux pans de mur pour m'évader. Je n'en menais pas large. Je me suis retrouvée boulevard de Port-Royal, dans la nuit éclairée par les réverbères.

J'attrape ma doudoune, mon sac à dos.
Je vois Zoé, debout, triomphante, rajouter une pièce au puzzle.
– Tu as réussi ! Tu vas le finir avant de partir d'ici, tu penses ? lui demandé-je.

Elle ne me répond pas. Elle semble agacée. Est-ce à cause du départ de Bahia ? Je lève les yeux, et, sur le tableau blanc, je découvre un nouveau texte. Un long texte.

Je demande à Zoé qui l'a écrit, si elle reconnaît l'écriture de Bahia. Pas de réponse, là encore. On est en adolescence, dans un pays où les balances s'appellent poucaves.

Aller mieux, c'est quoi ?
Pas reculer, pas piétiner,
Avancer,
C'est aller en cours sans avoir mal au bide
S'habiller dans son propre style,
Sans faire déborder ses boosts,
Parce que au secours !
C'est bouffer tranquillou bilou ses 2 300 kJ par jour,
Pas plus pas moins,
C'est choisir des plats A,
Mais pas des E bourrés de gras
Sans mayo sans Nutella,
C'est avoir la graille aux repas,
Et, juste après, verrouiller son estomac
Avec une clé de boîte de conserve
Aller mieux, c'est pas se suicider
C'est pas désespérer
Aller mieux, c'est manifester
Sans filer des coups de latte
À gauche à droite,
Sans se faire matraquer,
Sans colère, meuf, digne, quoi,

Un papillon sur le bitume

Digne comme une fille, HAHA,
Et recommencer, allez, en avant,
Alors que le ciel produira bientôt
Des larmes de sang.

18

Un coup de talon

« Tu ne seras plus la même, Fleur... Tu as grandi.
N'aie pas peur de lâcher le symptôme. »

Ici, même si les lits font défaut, que les soignants ne sont jamais assez nombreux, et que les psys n'ont plus une case dans leur planning, on ne pousse jamais un adolescent dans le vide.

Après les quelques mois d'hospitalisation, les jeunes encore fragiles se voient proposer une solution alternative pour consolider leur état, et s'assurer autant que possible de ne pas rechuter. Ils peuvent poursuivre une psychothérapie au niveau moins 1, rejoindre une autre structure, un soins-études par exemple. Avec, généralement, une journée au moins en HDJ, hôpital de jour. À la Maison de Solenn, une partie du troisième étage – là où ont lieu les ateliers – est réservée à l'HDJ. C'est une sorte de micro-hôpital dans l'hôpital.

Les ados s'y retrouvent certains jours de la semaine. Le mardi, par exemple, est consacré aux patients anorexiques. Et c'est bien un mardi que je croiserai, au fil de mes pérégrinations, Kloé, Zoé ou Naomi...

Céline Lheritier, jeune diététicienne, au sourire lumineux, vaque au HDJ, s'assurant que, après l'hospitalisation, elles ne retombent pas. « Après l'hospit, ça passe ou ça casse, dit-elle. Une fois par semaine, c'est le minimum, mais c'est le bon rythme pour qu'elles se sentent soutenues. Elles savent qu'on est là. »

Le mardi, donc, elles arrivent vers 9 heures, et commence le temps de consultation, de 9 heures à 11 h 30. Premier round : la pesée, effectuée par deux infirmières. Certaines ont déjà dévissé et perdu du poids, d'autres se stabilisent. D'autres, encore, arrivent avec un petit ventre rond, parce qu'elles ont bu un litre d'eau avant de venir. « Ça se voit, ça, tout de suite. On ne va pas les stigmatiser, encore moins les engueuler. Simplement leur faire comprendre, doucement, qu'on n'est pas dupes. »

Ne rêvons pas : elles n'entrent pas avec l'objectif d'ingérer leurs 2 300 calories par jour – le quota d'un ado en pleine croissance. Elles en sont plutôt, difficilement à 1 000 calories, voire 700 pour les plus souffrantes.

On prépare et compose ensuite les repas avec elles. Jamais de nourriture industrielle. Tout est « maison ». « Les plats préparés angoissent les ados, qui se demandent toujours s'il n'y a pas une adjonction de sucre, de gras. Si on n'est pas en train de les "avoir" d'une façon ou d'une autre. »

Et puis, le sur-mesure est un prérequis indispensable. Celles qui souffrent d'ostéoporose se voient proposer une ration supplémentaire de produits laitiers. D'autres, végétariennes, vont consommer plus de protéines végétales. « Oui, il y a beaucoup de végétariennes parmi les anorexiques, plus de 50 %. On respecte cela. Il y a les “pesco-végé”, celles qui mangent tout de même du poisson, les végé tout court. En revanche, on refuse les véganes. Ce serait trop compliqué d'essayer de soigner celles qui ne consommeraient ni œufs ni produits laitiers. »

Apprivoiser la nourriture, cela passe aussi par un certain nombre d'ateliers culinaires. Et cette génération *Top Chef*, biberonnée aux feuilletons de télé-réalité, en est friande.

J'ai participé à un de ces ateliers, le jour de la Chandeleur : « atelier crêpes ». J'ai épluché des légumes, et taillé un bon mètre de tagliatelles de courgettes avec un économe. Tout a été fait très scrupuleusement. En préparant la compote de pomme, j'avais laissé quelques pépins dans la casserole - ce qu'Aude a immédiatement remarqué, en les retirant un à un de la préparation. J'ai vite compris l'importance de ce geste. Retirer les pépins de la pomme, c'est respecter les règles de la recette, et les consignes de l'hôpital. Ici on ne triche pas avec le cadre. À un pépin près. Négocier sur cela serait laisser la porte ouverte à d'autres petites tricheries, d'autres coups de canif. Les anorexiques sont des négociatrices surdouées.

Parmi les participants, ce jour-là, il n'y avait qu'une anorexique, Jade, qui comme de bien entendu s'activait fébrilement aux fourneaux et au lave-vaisselle, à mesure que l'heure du repas avançait. À la fin de la préparation, quand la table a été dressée, les couverts placés, Jade était encore dans le placard en train de ranger la vaisselle. Elle a dû se résigner à contrecœur à déguster une crêpe, puis deux, avant de remplir le petit questionnaire remis par Aude à la fin du repas.

« Comment avez-vous vécu cet atelier ? » « Avez-vous pris du plaisir à manger ? » « Dans quel état êtes-vous en sortant de l'atelier ? »

J'ai jeté un coup d'œil sur la feuille de Jade : « Grande anxiété au moment de manger. »

Une fois par mois, donc, l'atelier culinaire se déroule au troisième étage, et de temps en temps les familles entières s'y rendent. Nous l'avons vu : les anorexiques n'aiment rien tant que de regarder leurs proches se nourrir. Elles ont l'illusion de contrôler la situation, et de voir les calories tant haïes s'installer dans d'autres corps. Quelle jouissance !

À l'HDJ, parfois les soignants organisent des rencontres entre plusieurs familles : cela s'appelle la TMF, thérapie multifamiliale. Si je n'ai malheureusement pas pu assister à une séance, j'ai entendu les soignants en dire beaucoup de bien. Céline Lheritier me le confirme : il y a une dynamique intéressante, on essaie de faire émerger les ressources du groupe pour que les familles s'entraident, échangent des astuces, par-delà la culpabilité qui les ronge souvent. On imagine à quel point sortir de l'enfermement et du « cauchemar » familial peut être un soulagement.

Après le repas viennent les ateliers psychomotricité et gymnastique. Une pause relaxation de quarante-cinq minutes avec Antoine Périer, psychologue et professeur de sport, si doux, et aux faux airs de Michel Vuilleminot, le comédien.

Après le repas, les consultations et les ateliers, l'heure de repartir arrive vite. La journée en ambulatoire est achevée, les adolescents, apaisés, sécurisés, repartent chez eux vivre leur vie.

Une autre solution, pour ne pas lâcher la corde... a été mise au point ici :

Le séquentiel propose une hospitalisation à mi-temps (deux à trois jours par semaine), solution ingénieuse qui permet aussi de libérer un lit à mi-temps pour une autre patiente.

J'en ai vu, des têtes moins connues, débarquant au Club, le mercredi ou le jeudi, un peu déphasées, un peu perdues - car les complicités se nouent forcément au jour le jour et que l'on peut rapidement se sentir à l'écart.

C'est ainsi que j'ai fait la connaissance de Fleur, un matin, au Club. Jean bleu marine, pull mohair crème et baskets blanches, Fleur est un elfe au teint très pâle, aux cheveux auburn rassemblés en un petit chignon au-dessus du crâne. Elle a rendez-vous avec la docteure Gal, me dit-elle, pour une consultation. En attendant, les mains glissées entre ses cuisses, à l'affût de tout ce qui se dit ici, elle semble ne pas savoir que faire d'elle-même. Elle écoute, rit discrètement aux blagues des autres, son regard dérape dès qu'on l'observe d'un peu trop près. Elle a envie de communiquer, mais fuit les regards.

J'apprendrai un peu plus tard que Fleur est arrivée ici entre la vie et la mort, il y a six mois. Elle a beau être très mince, elle a semble-t-il gagné pas mal de poids mais elle pleure beaucoup. C'est la contrepartie, souvent, à payer, m'a dit un jour Bégal. Quand l'armure de glace des anorexiques explose, quand la carapace se fendille, la chair en dessous est tendre, triste, faible. Et la tristesse déferle.

À l'invitation de Bégal, Fleur prend place sur sa chaise, sneakers plantées dans le sol. Bégal la regarde, tout sourire :

– Tu es passée chez le coiffeur ! C'est bien le séquentiel, hein ? Ça te laisse plus de temps. Ça te va drôlement bien, Fleur, cette couleur. C'est auburn, c'est ça ?

Fleur sourit derrière son masque. Reconnaissance, surprise, gratitude...

– J'ai fait des mèches, oui.

Sa voix tremblote. Les yeux de Béatrice Gal pétillent, comme si on lui avait annoncé que Fleur avait pris cinq kilos ou réussi son partiel.

– J'aime quand tu prends soin de toi. Tu te rends compte : le coiffeur ! Il n'y a pas si longtemps... rappelle-toi... tu restais à te morfondre sur ton lit.

Bégal s'approche un peu de l'adolescente

– On dirait que... Tu as décidé de t'aimer...

Mais Fleur pique soudain du nez, les yeux sur ses baskets, les yeux qui s'humidifient.

– Qu'est-ce qui se passe ?

Elle renifle. Deux larmes coulent le long de ses joues.

Bégal se penche davantage vers sa jeune patiente, tente de reprendre le contact visuel avec elle.

– Fleur ? J'ai dit quelque chose qui ne te convient pas ?

L'adolescente hoche la tête.

– Tu as du mal avec le concept « Décider de t'aimer ? »

– Je me déteste. Je déteste tellement ce corps. Je suis difforme.

De mon côté, je jette un coup d'œil sur la silhouette gracile de la jeune fille.

– Tu t'es toujours attaquée, Fleur. Plus petite, tu n'acceptais pas tes lunettes. Et puis ç'a été tes bagues dentaires. Et maintenant ton corps. Tu sais ce qu'est la dysmorphophobie, n'est-ce pas ?

– Je ne sais pas qui je suis. Quand je suis avec les autres, j'ai l'air gaie. Je rigole. Mais ça n'est pas moi ! Moi je suis chiante, désespérée, j'ai peur de tout. Je ne me voudrais pas pour copine. J'ai peur de la mort. J'y pense tout le temps. Mais devant les autres, je souris. Et celle qui rigole, c'est pas moi.

Fleur poursuit :

– J'ai honte et honte d'avoir honte, je me sens coupable. Je suis hyper triste.

– Tu as fait une dépression grave, tu sais. Tu as une maturité qui ne te ressemble pas. Tu comprends ce que je dis, n'est-ce pas ? Tu es sur le chemin de la guérison, Fleur. Fais-moi confiance.

– Je me sens grosse. Énorme. Je me déteste.

Bégal jette un coup d'œil à son écran

– Comment ça se passe, du côté de l'alimentation ?

Fleur répond que, oui, ça va mieux. Que, bien sûr, elle mange. Qu'elle a cessé de calculer, de trier. Qu'elle a fait taire cette petite voix persécutrice en elle. Mais que, parfois, eh bien, ça la démange et qu'elle s'empiffre comme un monstre.

Bégal fait tourner son stylo dans ses mains.

– Fleur, tu te vois comment à 35 ans ?

La jeune fille hausse les sourcils, comme si elle tentait d'apercevoir une jeune trentenaire au bout du chemin, derrière la porte de consultation. Mais la Fleur de 18 ans saisit mal celle de 35.

– Elle est floue, elle est sans aucun élan vital. Je la sens pas, répond-elle.

Elle laisse échapper un « Pas envie de tout ça ».

– Pas envie d'avoir 35 ans ?

– De vivre.

– Je vois des progrès. Des progrès énormes. Même si tu attaques encore trop ce corps, dit pudiquement Bégal. Même si tu attaques ta féminité. Je te fais confiance, Fleur.

Petite voix fluette :

– J'ai peur. J'ai tellement peur.

– De quoi as-tu peur ?

Des larmes, encore. Un flot de larmes.

– Peur de lâcher l'anorexie. Tellement peur de me retrouver au-dessus du vide.

Elle lève ses yeux noyés de larmes.

– Avant, personne ne voyait que j'allais mal. Je ne veux pas retourner à ça. À cette période.

Bégal hoche doucement la tête.

– C'est impossible de retourner en arrière, tu le sais bien. La vie avance, tu as traversé l'enfance, tu ne peux pas y retourner. Tu as grandi, Fleur ! Tu sais bien ce qui se passe quand on est adulte, non ? Quand on est adulte et que l'on retourne dans une maison d'enfance, tout nous semble si petit ! On voit les choses différemment. Quand

Ulysse retourne à Ithaque, il ne reconnaît pas sa ville. Tu ne seras plus jamais la Fleur d'avant, je te le promets.

Fleur lève les yeux vers sa pédopsychiatre, esquisse un demi-sourire. Le soleil à travers un rideau de pluie.

– Vous voyez, là, dit-elle, ce sourire, c'est un fake. Pour vous faire plaisir. À l'intérieur je suis en miettes.

Bégal émet un petit rire :

– Comment peux-tu dire que c'est un faux sourire ? Il t'est venu, je trouve, spontanément. C'est ton sourire, Fleur, et il est beau. Dans l'existence, tout n'est pas *on* ou *off*. On ne peut pas dire « Je suis une fille super gaie » ou « Je suis tout le temps au fond du trou ». Il faut t'habituer à ça. Tout n'est pas rose ou tout noir. Parfois, il y a un arc-en-ciel, au milieu de l'averse. Et heureusement, il y a beaucoup d'arcs-en-ciel. Tu te souviendras de ça ?

Fleur hoche la tête faiblement

– Oui, j'essaierai.

Certes, ce n'est pas gagné. La guérison n'avance pas à grandes foulées, Fleur ne franchit pas la ligne d'arrivée comme une marathonienne. La guérison, ce sont des petits pas de rééducation de l'assiette, sur le côté, avant, arrière, juste pour éviter le retour de vague. C'est la philosophie du kaizen.

Ceux qui en parlent le mieux, ce sont eux, les ados. Dans le livre d'or, où ils s'épanchent avant de franchir la ligne de sortie, ils en parlent, de cette guérison incertaine. Je lis les propos de Brice, qui a été hospitalisé durant presque un an :

« Mes amours, dix mois ici, c'était pas toujours fun, c'est long et court à la fois, ça m'a semblé durer une éternité, et passer comme un éclair. C'est quoi ce temps bizarre ?
De toute manière la guérison n'est pas linéaire, il y a des hauts et des bas. Prendre son courage à deux mains pour défoncer la maladie. Être sur ses gardes, toujours. La petite voix peut se réveiller.
Mes amours, que vous dire ? Grâce à vous je ne survis plus, je souris, je vis. Je vous aime. »

Alors, oui, certaines reviendront, certains seront anorexiques à vie. Devant une jeune femme de 18 ou 19 ans, m'ont dit les soignants, on comprend assez vite si elle s'en sortira définitivement ou si le TCA deviendra une maladie chronique. Certaines seront obsédées par les calories et la nourriture, d'autres y laisseront leur peau.

On me l'a confié, Kloé sera difficilement tirée d'affaire – comme toutes celles qui sont arrivées ici à vingt-cinq ou trente kilos, ou qui pleuraient d'angoisse avant de franchir la porte du lycée.

Et puis, pour d'autres, ce sera la victoire. Le rayon de soleil qui fait briller les yeux, agrandit le cœur et tire les commissures ; celui qu'on n'attendait plus ; et qui surgit du noir, de l'obscurité la plus totale. Lise, hospitalisée pendant six mois, que j'ai vue porter si douloureusement chaque cuillérée de yaourt à sa bouche, Lise, un beau matin, s'est mise à aller mieux.

– C'est une métamorphose, m'a confié Charles, son infirmier, alors que je m'apprêtais à quitter l'établissement.

– Ah bon ? ai-je répondu, étonnée car je ne voyais en elle qu'une adolescente maussade et mutique.

– Tu ne peux pas savoir d'où elle revient. D'un autre monde.

Et Charles de me raconter que Lise, arrivée ici à une trentaine de kilos pour un mètre soixante-quinze, avait pris l'habitude d'arracher sa sonde, à peine rentrée dans sa chambre.

Les soignants la retrouvaient allongée par terre, à côté de son lit. Lise a commencé en « théra », avec un estomac de la taille d'une noix. Elle n'avait envie de rien. Envie de mourir. Elle est passée au self. Puis a demandé (« Tu te rends compte ! » ponctue l'infirmier) à rejoindre certains ateliers. Lise a aimé l'atelier arts plastiques, elle a demandé à se faire couper les cheveux, à se faire masser. Elle a oublié la face sombre d'elle-même. La jeune fille a souhaité reprendre l'espagnol, parce qu'elle avait le souvenir, dans une autre vie, des Ramblas de Barcelone.

– Son enseignante d'espagnol, ce matin, a dit que Lise voulait faire un Erasmus. Et aller voir les aurores boréales. Tu te rends compte ?

Bien sûr, les aurores boréales, c'est peut-être « cliché », comme ils diraient eux-mêmes. Mais un rêve, fût-il stéréotypé, est toujours un rêve. Et toujours bon à prendre. Une étincelle de vie a jailli de l'obscurité. Et même si elle n'a pas repris un poids correct, Lise a retrouvé le désir de vivre.

Bahia, elle, est partie poursuivre son année scolaire à l'étranger, à Montréal. Alors que ça pourrait sembler risqué ; alors que les parents d'adolescents en souffrance n'ont qu'une envie, les garder près d'eux, un certain nombre se retrouvent à l'autre bout du monde. Peut-être reviendront-ils tous les deux ans, de moins en moins longtemps, de moins en moins souvent. Jusqu'au moment où la maladie leur lâchera les crampons, comme ils disent. Jusqu'au moment où, peut-être, ils parviendront à s'adapter un peu plus à ce monde – jusqu'au moment où ils trouveront leur « champ de fleurs », et cesseront de s'asphyxier sur le bitume.

J'imagine Bahia en plein amphi, imitant les autres avec un accent québécois prononcé, et je trouve que le Québec va bien à cette adolescente. Mais personne ne peut savoir si elle se rend en cours. Elle est juste « ailleurs ».

La petite Pernille pose encore problème, elle est partie en soins-études, et j'entends les médecins dire qu'il faudra du temps, énormément de temps pour qu'elle s'en sorte. Quand je pense à elle, je revois ce petit visage buté, concentré sur sa grille de mots fléchés.

Zoé n'est pas retournée à la Maison de Solenn. Son profil TikTok affiche la mention « Batterie faible », comme un pied de nez à notre société de performance qui gonfle en permanence ses biceps. Elle est entrée en terminale. Je constate sur son compte qu'elle est toujours très mince, s'est coupé les cheveux, et a troqué ses mèches roses contre du noir corbeau. Elle habite non loin de la Maison de Solenn mais fait un gros détour pour ne pas passer devant. « Trop peur, me dit-elle, de retomber dans les vieux souvenirs. » Vieux de quelques mois seulement !

Elle se déclare « encore fragile ». Fait des vidéos sur des recettes low calories. Raconte qu'il lui arrive encore de partir le ventre vide et de se contenter d'une pomme à midi.

Elle aimerait s'occuper de chevaux, espère « ne pas être déçue » : « Mais ça j'y crois pas trop. Parce que grandir, je crois, c'est forcément être déçue. »

Et elle ajoute : « J'ai arrêté de me couper. Quand je commence à y penser, je me pince le dos de la main, ou la cuisse. Et ça passe. »

Sibylle a répondu à mon message. Entre deux révisions, elle était allée voir avec une copine le film de Charlotte Le Bon, *Falcon Lake*. Elle me raconte : « Les deux héros ont fait un genre de pari, se mordre la main jusqu'au sang. D'après la fille, personne n'y arrive. Il est impossible de se mordre soi-même jusqu'au sang. Ma copine, Julie, m'a dit "Tu vois, c'est une belle métaphore, Sybille. Et à partir d'aujourd'hui, faut arrêter de te mordre." »

Zoé a demandé pour son anniversaire le puzzle de mille pièces de *La Liberté guidant le peuple*. Quand elle se sent nulle, me dit-elle, elle en fait un bout. Elle ajoute « Je me donne cent ans pour le faire. D'ici là, la planète sera carbonisée, ah, ah. »

* * *

Que deviendront ces adolescents, et surtout les enfants qui sont en train de le devenir ? Pourrions-nous leur préparer un monde plus accueillant, moins hostile, moins cassant ?

Un papillon sur le bitume

Ce matin, je suis allée courir au jardin du Luxembourg. Et, comme souvent, j'ai croisé celle que j'appelle Sandra : une immense fille au visage émacié et douloureux, au corps démesuré, aux jambes qui sortent comme des allumettes de son short. On peine à la regarder.

Sandra est là tous les jours, elle court. Et je ne comprends pas car, quelle que soit l'heure, elle est là. Combien de tours du jardin a-t-elle effectués ? Sept ? Huit ?

J'ai envie de l'arrêter, de poser la main sur son bras. J'ai envie de lui demander ce qui la fait courir, si c'est une petite voix persécutrice qui lui intime de poser un pied après l'autre, parce qu'elle se voit comme un éléphant dans le miroir. Si elle aussi a vécu sa meilleure vie jusqu'au moment où elle a perdu pied. Envie de lui dire : « Il faut arrêter maintenant. » Mais elle ne m'écouterait pas. J'ai envie de lui demander son âge, de lui dire qu'elle peut encore se rendre, si elle est mineure, dans un endroit où certainement on ferait tout, sans rien qui pèse et qui pose, pour la sortir de cette spirale. Pour lui accorder un temps de repos ; le droit de s'aimer.

Je croise son regard, je m'arrête - ou peut-être ai-je l'impression de m'arrêter.

Sa queue-de-cheval vole au vent. Elle ne me voit pas. Elle continue à trottiner, le visage crispé. À bout de forces. Peut-être va-t-elle, un jour, donner un coup de talon. Puis remonter.

Remerciements

Un grand merci à la professeure Marie-Rose Moro, qui m'a ouvert en tout confiance les portes de la Maison de Solenn, et m'a permis d'y circuler en toute liberté.

Toute ma gratitude à la docteure Béatrice Gal, pour sa générosité. Merci chère Béatrice de m'avoir accueillie dans ta consultation, et de m'avoir donné au fil des séances une vraie leçon de vie.

Merci à tous les soignants, à tous les médecins, pour leur extrême gentillesse, leur compétence.

Merci à tous les thérapeutes de la consultation transculturelle.

Merci enfin et surtout peut-être à tous ces jeunes, qui m'ont accueillie sans amertume, sans ironie, sans colère.

Merci à Muriel Beyer, directrice des Éditions de l'Observatoire, pour son enthousiasme immédiat devant ce projet, et à Séverine Courtaud, mon éditrice, pour son écoute attentive et sa lecture subtile de ce livre, à mi-chemin entre l'enquête et le récit intime.

Table

CET OUVRAGE A ÉTÉ ACHEVÉ D'IMPRIMER
SUR ROTO-PAGE PAR L'IMPRIMERIE FLOCH À MAYENNE
EN JANVIER 2024 – N° d'impression : 103974
IMPRIMÉ EN FRANCE